余白思考

アートとデザインのプロが
ビジネスで大事にしている
「ロジカル」を超える技術

山﨑晴太郎

日経BP

埋め尽くされて忙殺されている毎日に「余白」を取り込んで…

余白

クリエイティブでのびやかな自分を取り戻そう

はじめに　なぜ今、積極的に「余白」を考えることが大切なのか？

「アート思考」や「デザイン思考」という言葉を聞いたことがある方は、少なくないと思います。

アート思考とは端的にいうと、芸術家（アーティスト）の思考のこと。自分自身の経験や興味関心に基づき、非連続なコンセプトを導き出す思考方法です。

そしてデザイン思考とは、デザイナーやクリエイターの思考プロセスを活用した手法で「人間中心思考」とも呼ばれ、他者視点で解決策を考えるものといわれています。商品やサービスを使うユーザーの視点から考える手法です。

アート思考とデザイン思考では、思考フレーム（当てはめる対象）や実践方法は違いますが、どちらも、マインドセットは共通しています。それは、ロジカルシンキングという「枠」からの脱却です。


「論理的に実証可能なことを積み重ねていった先に、最適な答えがある」

「前例をもとに分析を行い、業務を進めた先に、より先進的な何かが見つかる」

などの日常的によく使われる論理的思考、いわゆるロジカルシンキングばかりが肯定されている**「従来の仕事のあり方」や「価値の生み出し方」に疑問を投げかけるもの**です。

そして、

「常識にとらわれないで、考えてみよう」

「前例とは違ったことにでも、恐れず踏み出してみよう」

「白と黒の間にある灰色の領域を活用してみよう」

という柔軟な考え方を勧めるものでもあります。それを本書では、**「余白思考」**と名づけて提案をしています。もちろん、ただ闇雲に感覚的に行うのではない、**ノウハウとしての提案**です。

もう一つ、「デザイン経営」という言葉を耳にしたことのある方も多いでしょう。日本企業の国際競争力を高めるため、2018年に経済産業省と特許庁が発表した『「デザイン経営」宣言』に端を発し、イノベーションの創出やブランド力の強化を目指すために、デザインの力を経営に並走させることを提言しているものです。

僕自身、「デザイン思考」や「デザイン経営」をテーマにして講演などをさせてもらうことも多く、世の中からの関心の高さを感じています。

ここでご紹介した考え方はどれも、**企業やブランド、あるいはビジネスパーソンが成長するための、そして新しいビジネスを創出しプロジェクトの停滞を突破していくための鍵を握るもの**です。

ですが、残念ながら、今の日本社会では、この「アート思考」や「デザイン思考」という考え方、そして「デザイン経営」が、深く浸透しているとはいえません。それらの持つ本来の意味よりも、かなり縮小され、かつ限定的に使われてしまっているようにも感じています。

僕は、それには明確な理由があると考えています。

論理を積み重ねれば、たしかに
「正しい答え」にたどり着く。
でも、「心を動かす答え」には届かない。

冒頭からこのようにいうと、「どの立場から言っているのか」と思われてしまうかもしれませんが、僕が本書でお伝えしたいのは、「アート思考」「デザイン思考」「デザイン経営」を横断する非言語思考の根本であり、本質的な部分にも深く関係する概念です。

それが**「余白」**です。

本書では、「余白」という言葉を軸に、今、働くすべての人に求められる新しいものの考え方を提案します。「従来の仕事のあり方」や「価値の生み出し方」に限界を感じている方には、大きなヒントとなるはずです。

また、アート思考やデザイン思考、デザイン経営への理解も、より深まるでしょう。そして前述の、

「常識にとらわれないで、考えてみよう」
「前例とは違ったことにでも、恐れず踏み出してみよう」
「白と黒の間にある灰色の領域を活用してみよう」

を、今より自由に、かつ、自信を持ってできるようになるでしょう。

皆さんの仕事に、日常に、新しい視点が加わって、今まで見えてこなかった可能性が開いていくはずです。

「ビジネスシーン」における「デザイン」や「アート」の必要性

皆さん、こんにちは。山崎晴太郎《やまざきせいたろう》と申します。僕はデザイナーであり、アーティストであり、三つの会社を経営する会社経営者でもあります。また最近は、TBS「情報7daysニュースキャスター」やNTV「真相報道 バンキシャ！」などのテレビ番組に、コメンテーターとして出演したりもしています。

日本では「デザイナー」というと、デッサンをしたり、製品の形をきれいに整えたり、ウェブサイトなどの見栄えをよくしたり……という表層的な視覚表現の仕事だと思われがちです。

また「デザイン」という言葉は、最近では広義に使われるようになり、組織をデザインする、社会をデザインする、人をデザインするというように多様な概念を含む、どうにも掴《つか》みづらい概念になっています。

「アーティスト」というのも、ビジネスサイドから見ると、美意識が独特・常識外れで話が通じない人、タイムパフォーマンスやコストパフォーマンスを度外視して作品づくりに打ち込む人、こだわりが強すぎて仕事をしにくい人、などと思われているかもしれません。

しかしそうしたいくつかの側面では、デザイナーやアーティストの本質を捉えきれてはいないでしょう。アート思考やデザイン思考の存在が示す通り、人間そのものを思考の軸として、根本に立ち返って物事を捉え直す人、非言語領域を武器に問題解決に向けて舵をとる人、強烈なコンセプトを持って社会にとって新しい視点と概念を提示する人。デザイナーやアーティストとは、こうした役割を果たす人なのだと、僕自身は考えているのです。

本書はそうした視点から、

「余白の重要性」

「新しいものを生み出したり、次の成長を促したりする原点としての余白」

「余白のあり方は、物事のつながり方そのもの」

「いい余白が、いい伝わり方・コミュニケーションを生む」

「物事の価値は余白のつくり方で決まる」

という、余白の話をしていきます。

なぜなら、この「余白」こそ、アーティストやデザイナー、経営者としての成熟度を決める一つの尺度であると、僕自身が思っているからです。

いいアーティスト・デザイナー・経営者は、基本的に、余白のつくり方がうまい。

この考え方は、いわゆるアーティスト・デザイナー・経営者の方はもちろんですが、それ以外の方も十分に活用できるものです。たとえば**プロジェクトマネージャー**としてチームを率いる仕事を求められている方や、新たな価値を生み出すような**クリエイティビティ**を求められている方。**現状の改善や課題解決**を求められている方や、

新しいことへの挑戦を求められるビジネスパーソンの方。**着実に成果を上げ続けることを**求められているフリーランスの方、あるいは**家庭の全般を見通して采配《さいはい》を振るう主夫・主婦の方**にとっても、身につけることで大きなメリットを得られるものです。

いいプロジェクトの前後には、いい余白があります。

クリエイティブなチームは、メンバーが余白を持っています。

余白の中で試行錯誤するからこそ、新しい価値を生み出すことができます。

家族の一人ひとりがのびのび自分らしくいられる家庭は、心地いい余白を皆で共有しています。

もっといえば、**余白のつくり方がうまい人は、人生を楽しむのもうまい。**古来、日本では、侘寂《わびさび》を愛し、枯山水《かれさんすい》に美を感じ、禅僧のような「持たない暮らし」「シンプルな生き方」に敬意を払い、その生き方に学んできました。その背景にも「余白」の存在があります。

仕事や人生を楽しむコツとしての余白を、皆さんにも味わい、身につけていただけ余白は「今の自分」を映す鏡。
自信がないと埋め尽くしたくなり
余裕がないと扱いが雑になる。

たら幸いです。

余白を「生かすスキル」を身につけよう

本書ではまず第1章で「余白とは何か」を解説した後、第2章以降で「いい決断や判断をする」「いい人間関係を築く」「コミュニケーション能力を高める」「自分を成長させる」という四つの切り口から、余白の生かし方を説明していきます。

その前に、僕の考える、大きく二つの意味での余白の大切さをお話ししておきます。

①「自分の中」の余白

まず一つ目は、「**自分自身が、自分の中に余白を持つ**」という意味での余白です。何か新しいスキルや能力を身につけようとするとき、余白はとても大事です。余白こそが成長の余地であり、自分自身の伸びしろになります。

自分自身の中に余白をつくるためには、「こういうときはこうすべき」「これが正しい、これは間違い」といった先入観や偏見から、いったん距離を置く必要があります。

「こうすべきだと思っていたけど、別のこういう方法もあったかもしれない」

「これは間違いと思っていたけど、視点を変えたら間違いとも言い切れないのかも」

という異なる考え方や価値観の入り込む余裕が、余白です。

たとえば決断において、「これが正しい。それ以外はダメ！」と思っていては、今よりいい決断をすることはできません。そこに少しの余白をつくって、別の可能性を視野に入れる。そうすることで、決断や判断の幅が広がり、精度が上がっていきます。

②「相手との間」の余白

二つ目は、**「相手との関係性の中に、余白を持つ」**という意味での余白です。

僕たちは、皆平等に社会的な生き物です。そして、自分についてだけでなく、他人についても先入観や偏見を持っています。お互いに持っている「こうすべき」「これが正しい」を押しつけ合って、歯車のように完全にかみ合わせようとさせて、苦しくなっていないでしょうか。

それぞれ持っている思いはそもそもまったく別なわけですから、歯車が完全にかみ合うことはまずありません。たいていは、どこかを我慢して、相手に合わせてやっと少しだけ歯車が回る、くらいのものだと思います。

人間関係で悩んでいる方の中には、「どうやって相手に合わせたらいいのか」と思っている方もいるでしょう。反対に、「どうにかして相手に自分の思いを正しく伝えねば」と思っている方もいるかもしれません。

その考え方を少し変えてみましょう。そもそも歯車と歯車が直《じか》に接するほど、相手と至近距離にならなければいい。

たとえば相手に何か言いたいことがあるときにも、相手の心の大事な部分に、直接メッセージを投げつける必要はありません。自分と相手の間に余白をつくり、そこにメッセージを置きにいく。相手はそれを自分で取りにくる。

「たからもの」を
ぎゅうぎゅうに詰め込む人はいない。
クッションがなければ、
大事なものが、別の大事なものを傷つけ始める。

こうしたイメージで臨んだほうが、お互いが快適ですし、何より本当に伝えたいことが伝わります。コミュニケーションは、強引にわからせようとしても機能しないことが多いのです。

自分の中に余白を持つ。相手との間に余白を持つ。

この「余白思考」を持つことで、様々なことがうまく回り始めます。本書でお伝えしたいのは、まさにその技術です。

まだまだ抽象的な説明で、「余白?」となっている方も多いかもしれません。どうぞこのまま読み進めてください。余白とは何か、余白のつくり方、余白の活用の仕方、そしてそれによってどんなことが可能になるのかを、僕自身の体験も交えてお伝えしていきます。

余白思考によって人生が今よりもっとラクに、ポジティブに、前向きになる。そんな人が1人でも多く増えることを願っています。

もくじ

第2章 仕事の余白

スピーディないい決断、チーム力、前に進む力の生み出し方

第3章　人間関係の余白

快適で楽しい関係性と、信頼でき背中を預けられる仲間のつくり方

第4章 コミュニケーションの余白

「伝わる」をもっと円滑にするために

第5章 自分の頭の中に余白を持て

失敗を恐れすぎない、余裕のあるメンタルのつくり方

第1章

なぜ「余白」が大切なのか？

「余白」って何？

「余白」という言葉を聞いたとき、字面《じづら》を見たとき、どんなイメージが頭の中に広がるでしょうか。

あるいは、なにか具体的な実像や佇《たたず》まいが思い浮かぶでしょうか。

辞書で調べてみると、『新明解国語辞典　第八版』（三省堂）では、

〝〈何かが書いて（印刷して）ある紙の〉何も書かれていない白い部分。スペース。〈行間は含まない〉〟

もう一つ、『大辞泉』（小学館）では、

〝字や絵などが書いてある紙面で、何も記されないで白く残っている部分〟

どちらも「紙」の上に何かが書かれた部分に対比する形で、残された白い部分が余白だと説明しています。多くの人が「余白」と聞いたときに浮かべるものも、ほぼ同じイメージかもしれません。

これらの辞書的定義について異議をはさむつもりはまったくありませんが、この本の中でテーマとして語りたい「余白」は、もっと広く、もっとポジティブな意味を含んでいます。

「何かを書いたあとに残ってしまったスペース」ではなく、**「書かれている何かを引き立たせるために、あえて余らせているスペース」**や**「あらゆるものが入る可能性にあふれた空間」「本当に大事なものを守るために、あえて余らせている時間や力」**。

余白の「余」は余分ではなく、**余裕の「余」**であり、「余白」の先には、果てしなく続く時間／空間があります。
自分が自分らしく生きるために必要なものとしての余白。そんな「余白」の価値を、いろいろな方向から、多くの人に伝えたいと思っています。

それはなぜか？　——そのほうが、いろいろなことがうまく回り始めるし、生きることが絶対「ラク」に前向きになるし、たとえば仕事や人間関係が今よりもっと「楽しく」なるからです。
楽しく前向きに生きている人が増えれば、世界はきっと少しずついい未来に近づいていける。僕はそう信じています。

僕が伝えたい「余白」は、次のイラストのようなイメージです。

余白とは、自分（コア）と社会の間の緩衝地帯

自分自身の中にある大切な「コア（核）」の部分と外の世界の間にある自由なスペース。これが「余白」です。そこでは何をしてもいい。中の延長として扱ってもいいし、外から来た人やものをいったん受け入れることもできる、そんな場所。

リアルなイメージで考えるなら、昔は多くの家にあった「縁側《えんがわ》」「土間《どま》」のようなもの。いわゆる内と外の概念が曖昧《あいまい》になる、中間領域と呼ばれる部分です。

誰かの部屋でもないし、台所やお風呂のように決まった使用目的を持つ場所でもない。子どもが遊んでいることもあれば、猫が昼寝をしていることもある。近所のおじいちゃんが遊びにきて将棋を指していたり、家族でスイカを食べたり、座布団《ざぶとん》を敷いて昼寝をしたり。

内と外の概念も溶け、「何をしてもいい」ユニバーサルスペース。こういう場所が上手につくられている家は風通しもよくて、自由度が高い。楽しいことが入り込む余地がたくさんあります。

これは、縁側がまさに住宅の「余白」として、そこにあるおかげです。

「縁側」は家の余白

なぜ今、余白が大事なのか?

「パーソナルスペース」という言葉があります。他者が自分に近づいて不快にならない限界範囲のことで、ぎゅうぎゅう詰めの満員電車や混み合ったエレベーターなどではこれが侵されて、とてもイヤな気持ちになることがあります。

身体(物理)的にまったく余白がない状態というのは、耐え難いものです。それは、誰もが本能的な体感として知っています。だから、人は他者との間に身体的にも心理的にも、「不快ではない」適度なスペースをつくろうとします。

ただ、これには個人差があります。そのため、歩いているときに周囲の人が思いのほか近くにいて手や肩が触れ、身体的な距離感が気になったり、新しく知り合った人の発言で、心理的に「この人、ぐいぐい来るなあ」なんて思わず苦笑したりすることもあります。

しかし、少なくとも他者との間に一定のスペースが必要だということは、みんなわいい人でも、近づきすぎると不快になる。
楽しいことでも、ずっと続けると疲れてくる。
「イヤだ」「つらい」「しんどい」の多くは、
余白が足りないせいかもしれない。

かっているでしょう。

それなのに、僕たちはつい、身体的にも心理的にも、物事をいっぱいまで詰め込んでしまいます。そして、それに慣れていく。

満員電車に乗って感じていたはずの、「至近距離に人がいることの不愉快さ」も、平日の5日間、毎日満員電車に乗っていると、「これはしかたない。当たり前」と思うようになる……。

もともとはスペースを求めていたはずなのに、精神的に「しかたない」「当たり前」と妥協したことで、身体のパーソナルスペースも奪われてしまうのです。

コロナ禍での通勤では、ウイルスに対して心配や不安を抱えつつも、いつもより空いている電車内に「これだけは悪くないな」と思った人も、案外多かったのではないでしょうか。

たとえていえば、余白は子ども時代の「日曜日」です。何をしてもいい1日。決められた予定が何もない日。何をすることも否定されていない、可能性にあふれた1日です。「さあ、今日は何をして過ごそうか」というワクワク感を受け止めてくれるのが余白の存在です。

そろそろ、詰め込みすぎはやめて、余白を取り戻してみませんか？

毎日がつらい人ほど「余白」を見つけてほしい

今この瞬間も、何かに追われているようなプレッシャーを抱えている人もいるでしょう。

仕事でもプライベートでも、人間関係でストレスが多い、という人もいると思います。

もっとストレートに「とにかく毎日しんどい」「明日、仕事に行きたくない」という、ため息まじりの声もあがるかもしれません。

本書を手に取ってくださっている方の多くは、きっと、とてもまじめなのだと思います。悩みやストレス、プレッシャーを抱えながらも、やるべきことを果たそうとして努力を重ね、仕事仲間にも家族にもできる限り親切にやさしく接しようとしている。

そのせいか、案外、周りの人たちからは悩みを抱えているようには見えなくて、順風満帆だとうらやましがられている。

そしてときにはそれが、また、別のプレッシャーになってしまう。外では楽しそうに過ごしているのに、自宅に帰って1人になったとたんに、まるで仮面をはぐようにつらい顔、暗い顔、悩み多き様子になっているとしたら、それはとても残念です。

こんなつらさの原因の一つも、実は「余白」の欠如にあるとお伝えしたら、驚かれるでしょうか。

自分自身と「外」の間に、安心できる適切な距離を確保できていない。仕事人としての自分と、家庭人としての自分が隙間なく接続している。肩書きや役割から離れた何者でもない自分に戻れる時間がない。

そうなってくると、人は、必然的に「心の疲れ」を感じます。それぞれ充実している一方で、何かで「現実逃避」したくなる。

それは、旅行かもしれないし、読書かもしれないし、食に走ることかもしれません。いずれにしても、それらを積極的に楽しむ気持ちに加えて、どこかで「逃避」の気持ちが芽生えたら。「私だって頑張っているんだから、たまには自分だけの時間がほしい」と周囲に当たりたくなったら。気分転換したりしているのに、ふと何かを思い出してまたため息をつきたくなったら。そのときは自分自身の余白を見直していただきたいと思います。

余白を上手につくれれば、忙しくてやらなくてはいけないことがあっても、毎日を今より「ラクに」「楽しく」「前向きに」生きられるはずです。

単なる能天気さや、生まれ持った性格云々の話ではなく、これはある種の心の持ち方（=思考法）という〝技術〟の賜物《たまもの》です。

余白は、意図せずにできるものではありません。明確に意識をして、上手につくってはじめて、価値が生まれるものなのです。

「余白」を持つというのは、自分自身と「外」との間に適度な距離をとるということです。もちろん物理的に、ということもありますが、まずは心理面を考えましょう。常に心の中で（あるいは頭の中で）、外の世界や対する相手との間に適度な距離をおく。これだけで、現在抱えている多種多様なストレスやプレッシャー、悩みの多くは自然と解決の方向にむかうはずです。

「無駄なスペース」や「無の空間」ではない

僕が生業《なりわい》にしているデザインの仕事は、感性の部分の影響が比較的大きく出る世界です。僕が経営しているデザイン事務所には、２０２３年末現在、18人のスタッフが

地道に・真面目に頑張っていても、

「生きやすくなった」

「豊かになった」

と感じられないならば、
それはなぜだろう？

在籍し、その感性は様々です。

また、大規模な映像作品や建築などは「総合芸術」と呼ばれ、多くの関係者の感性を一つにまとめていくことが必要になります。

常に求められるのは、自分と違う感性を受け入れるということ。他人を受け入れて初めて、仕事が進んでいきます。

ただ、感性云々の前に、**デザインを「伝わるもの」として成立させるためには、基本的に「余白」が必要**です。

「余白が足りない」デザインをつくる。これは、若くて経験の浅いデザイナーに多い失敗です。

人間は本能的に、空いているスペースがあると埋めようとします。意味のある余白にするよりも、空虚が怖くて、どうにかして埋めたくなる。余白のあり方に思いをはせる前に、とにかく詰め込んで満足してしまう。

皆さんの中にも、「スケジュールがまっ白」だと不安になる方はいるのではないでしょうか?

「5連休なのに、1日も予定がなくて不安」

「せっかくの休みなのに、予定がないなんてもったいない」

「今日の仕事は、これといった予定がない。これは怠《なま》けているのかも?」

反対に、1日中会議が続くようなときは、本当にすべき仕事は全然進んでいないのに、疲れとともに変な充足感を覚えてみたり。ある意味「暇が怖い」症候群とでもいうのでしょうか。心当たりのある人は多いと思います。

余白は無駄、余白は怖い、余白は不安。余白という存在にネガティブな感情を持つ人がとても多いことに、驚いています。

「余白思考」としての提案は、その逆です。**不安なときは、余白をもっと広げるべき。**なぜならその不安は、自分の内面が外の世界や他者からの干渉を過度に受けていることが原因かもしれないからです。

前述した縁側や土間のような緩衝地帯のイメージを思い出してください。もしもそのようなスペースが、まったくなかったらどうなるでしょう。窓を開けたとき、すぐそこに誰かが立っていたり、始終いろいろな人がうろうろしていたりしたら、まったく落ち着かないですよね。家の内部（自分の大事なところ）を見られているのではないかという恐怖も感じます。

そんなときには、カーテンを閉めるなり、奥の部屋にいくなり、とにかく距離を取ることが何よりの解決策になるでしょう。**他者との間に物理的な余白を増やすことで、精神的な安寧《あんねい》を手に入れ、一息つくことができます。**

このとき、「見られているなら、部屋の中を片付けなくちゃ」とか「見えてもいいように、いつでもよそ行きの服を着ていよう」と考えなければいけないとしたら、疲れは増すばかりです。

この感覚は、精神的な活動においても同じです。

どんな人にも、自分自身が大切にしている、他人には触れられたくない大切な場所があります。素のままの自分でいられる場所。誰も立ち入ることができない、自分だけが存在する、社会武装されていない、相対的な仮面をつけていない、少しでも触れられたら壊れてしまいそうな、とてもとても柔らかい場所（本書ではその場所を「コア」と名付けています）。

そのコアと他者や社会との間に、空白地帯を設けましょう。その間に、コアを保護するために、ワレモノを宅急便で送るときのプチプチのような緩衝材を置きましょう。このイメージが、精神面での余白です。

コアは、すべての人が必ず持っています。

一つひとつまったく違うもので、変幻自在で柔軟性を持つ柔らかな場所。当然ながら自分のコアと他者のコアは基本的には相いれません（そもそも、他者のコアと交わる必要もありません）。

だから、コアとコアが近づきすぎると身体的なパーソナルスペースが侵されたときのような不安や恐怖、嫌悪感を覚えることになります。

これはどんなに親しい間柄でも同じです。「親しき仲にも礼儀あり」とはよく言ったものです。

そんな大事なコアがむき出しにならないように、いきなり他人のコアと接触してしまうことがないように、それぞれがコアのまわりにスペースを持つことが大切です。

急に土足で踏み込まれても大きなダメージを負うことのない広い余白のスペースがあれば、**安心していろいろなことをとりあえず受け入れてみる**ことができます。

自分とは違う考え方も、常識外れのように思える情報も、多種多様な思想や生き方も。余白があるからこそ〝いったん〟受け止めることができるのです。

余白が心のクッションになる

大げさなことをいうと思われるかもしれませんが、世の中で起こっている争いごとの多くは「余白」がない、あるいは足りないことが大きな原因の一つだと感じています。

「ダイバーシティ&インクルージョン」と声高にいわれるのも、「多様性」という言葉が世界的なキーワードになっているのも、この国際社会に異なる価値観や概念を受け取る「余白」がないことに対する危機感の表れでしょう。

国が人の集団によって形成されている以上、集団と集団の間には、余白が必要です。

地政学的に日本は海に囲まれていて意図せず常に緩衝地帯を持っているので、その大切さを自覚する機会は、あまりないかもしれません。しかし、なんらかの理由で緩衝地帯（余白）が消滅すると、その緊迫感は尋常でないくらい一気に高まります。

これは、社内の派閥でも、仲間うちでの意見の対立でも同じです。「自分は／自分たちは、こうだ」という主張の輪郭《りんかく》が立ちすぎれば、自分側とそうでない側の違いがより濃く浮かび上がってしまい、分断を生んでしまいます。

企業やプロジェクトが徐々に大きくなっていくにつれて、元々はマルチタスクをこなし様々な仕事を横断していたのが、部署ができ、役割が明確になっていく。そして、徐々に部署ごとの目標が最優先になって部分最適化に陥り、会社としての全体最適が失われるということはよくある話です。

「私はここ」「あなたはあっち」と、その境界線があまりにもシャープに引かれてしまえば、互いの思想を許容できなくなってしまうのが、僕たち人間の性《さが》なのです。

「私はここ」「あなたはあっち」というラインがあってもいいのですが、その間に、「私のコアとあなたのコアの間の空間」を持っておきたい。**「ここは私の場所だけど、あなたが入ることもできますよ」**という余白の存在が、お互いの関係性を良好に保っ余白とは、物理的な距離であり、心の余裕。
その両方が失われれば、
人は争わずにはいられなくなる。

てくれます。これは物理的にも精神的にも同じです。

「明確に線を引き、二分割思考としての良い悪い、白黒をはっきりさせる」――そんな世の中の概念に警鐘を鳴らしたいと考えて制作したのが、2018年に発表したインスタレーション作品の『陰翳礼讃《いんえいらいさん》』です。谷崎潤一郎の随筆『陰翳礼讃』をモチーフにした作品ですが、文字の「輪郭を曖昧にする」ことによって、文字が文字として定着する前の〝気配〟を表現したものです。

もっと自由に解釈してもいい。

すぐに明確な意味を見つける必要なんてない。

理解できないことや自分とは違う意見でも、とりあえず、いったん「余白」の中に取り込めばいい。

余白が与えてくれる価値は、想像以上にたくさんあります。

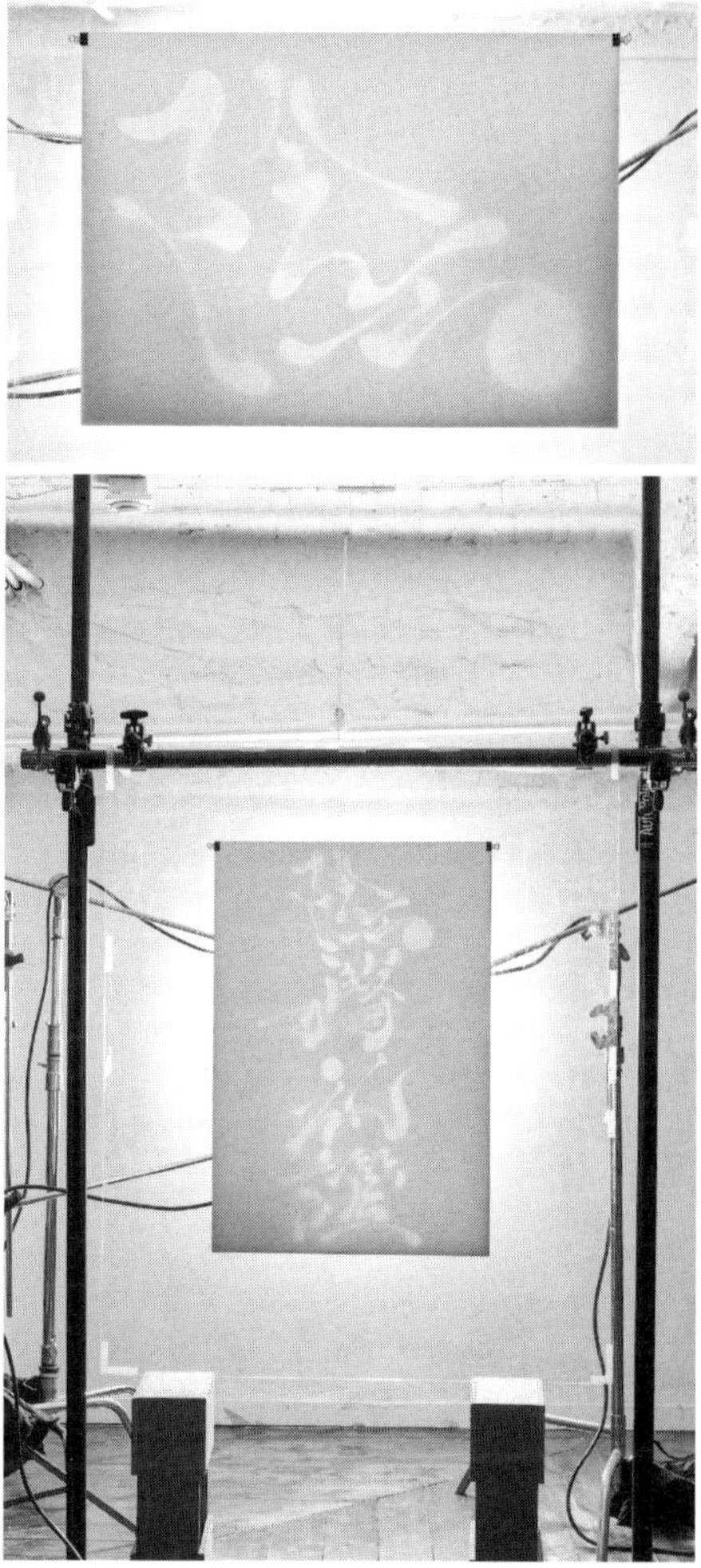

輪郭が曖昧になると文字は〝気配〟になる

余白が生み出す「絶対軸」という価値観

僕が余白と同じくらい大事だと思っているものに、「**絶対軸**」という概念があります。実は、余白を持つことで、誰もが生まれながらに持っている絶対軸を明らかにすることができます。

僕たちは、常に他者と比較され、評価され続けています。
今年の業績は昨年と比べてどうか？
どちらの人が優秀か？
コンペで選ばれるのは誰か？

クリエイティビティのレベルはどのくらいか?

仕事は速いか遅いか?

センスはあるかないか?

やる気はあるかないか?

……こうした評価のほとんどは、「誰か別の人」、あるいは「過去の自分」との相対評価です。


これはビジネスパーソンだけの話ではありません。主婦・主夫であっても、小学生であっても、定年退職した高齢者であっても同じです。

いつも何かと比べられて、「○○が足りない」と言われ続ける。誰もが経験があるであろう、この「比べられる感覚」。これは結構しんどいものです。


学生時代、たとえば国語や英語はすごくできるのに物理が苦手だったとします。そうすると「国語や英語をもっと伸ばそう」ではなく、「物理をもっと頑張れ」という指導を受けて、多くの時間を好きでもないし興味も持てない物理の勉強に費やすことになります。

この例と逆の場合もあるでしょう。数学や物理が大好きで、ずっとそのことを考えていたいのに、及第点を取るために英単語をひたすら覚えなくてはいけない、というような。

相対軸の世界では基本的に「苦手を克服する」ということが評価されます。「苦手なことを頑張ってえらいね」というロジック。それを頭から否定するつもりはありませんが、それだけでは自然体でないし、つらいよね、と思うわけです。

それに、そのような価値観の中では一生懸命頑張って「あなたが一番です」と、上り詰めたとしても、結局、比較され続けることは変わりません。今度はそこに居続けなければならないというプレッシャーを抱えて、また苦しくなるでしょう。

比較の中で自分の価値が決まるという世界がすべてだと、遅かれ早かれどこかで行き詰ってしまいます。

「苦手の克服」で平均点が上がれば、
褒めてはもらえるかもしれない。
でも、人が魅力を感じるのは、
「突き抜けて輝く人」。

そこで、僕が持ち込みたいのは「絶対軸」で生きる、という価値観です。僕たちはみんな、生まれたときから「絶対軸」を持っています。それは、年齢を重ねても消えることなく、必ず自分自身の中にあります。

大事なのは、外から迫りくる相対軸から適度な距離を置くことです。**「あ、あなたはそういうところを見ているんですね。でも私はこうします」と言える余裕を持つ**のです。

思い出してみましょう。かつて、幼かった頃。一日中、好きなことに熱中していたときの気持ちを。

新聞紙と段ボールでつくった秘密基地。公園で集めた木の実や小枝。まん丸でピカピカになるまで手でこねた泥だんご……。そのとき、僕たちがいたのは確実に絶対軸の世界です。友達にうらやましがられたいとか、親にほめてもらいたいという気持ちはあったかもしれませんが、それよりも何よりも**「自分が楽しい」から夢中になった**。完成したものや集めたものは、他のものと取り換えることはできない自分だけの最高の宝物でした。

詩人・相田みつをの言葉「しあわせは／いつも／じぶんの／こころが／きめる」というのにならっていうならば、「好きなこと、楽しいことは自分の心が決める」。そして、「自分の価値は自分が決める」。それが、絶対軸の世界です。

「絶対軸」がピンとこない人へ

簡単に「絶対軸」を思い出せるワークショップをご紹介します。

それは、「利き手ではないほうの手（右利きの人の場合は左手）で絵を描く」というもので、デザインを学ぶ学生たちへの授業の中で、ときどき行っているものです。

まず、描く対象を決めて、普通に利き手でスケッチをしてみてください。手っ取り早いのは、鏡に映った自分の顔や家族の顔。あるいは部屋にある観葉植物。これなら、すぐにできるはずです。できれば直線だけで構成されている家具や家電といったものより、ある程度の複雑さを持った有機物がいいと思います。
どうでしょうか。うまく描けましたか？

次に、もう一度同じ被写体を描きます。
ただ2回目は、描く際に守ってほしいルールが三つあります。
①被写体を見ている目線の動きと紙に置いたペン先の動きを合わせること
②紙を見ないこと（目線は被写体に向け続ける）
③ペンを紙から離さず、最初から最後まで一筆書きで描くこと

この三つだけを守って描いてみると、これがびっくり、とてもいい絵を描くことができます。ここでいう「いい」というのは、絶対的な「いい」です。味のある絵といってもいいでしょうし、アートっぽいと思う人もいるかもしれません。
どちらにしろ、上手とか下手という評価では語り切れない「いい」絵が現れるので、このワークショップに参加した人はみんな、いつもとても驚きます。

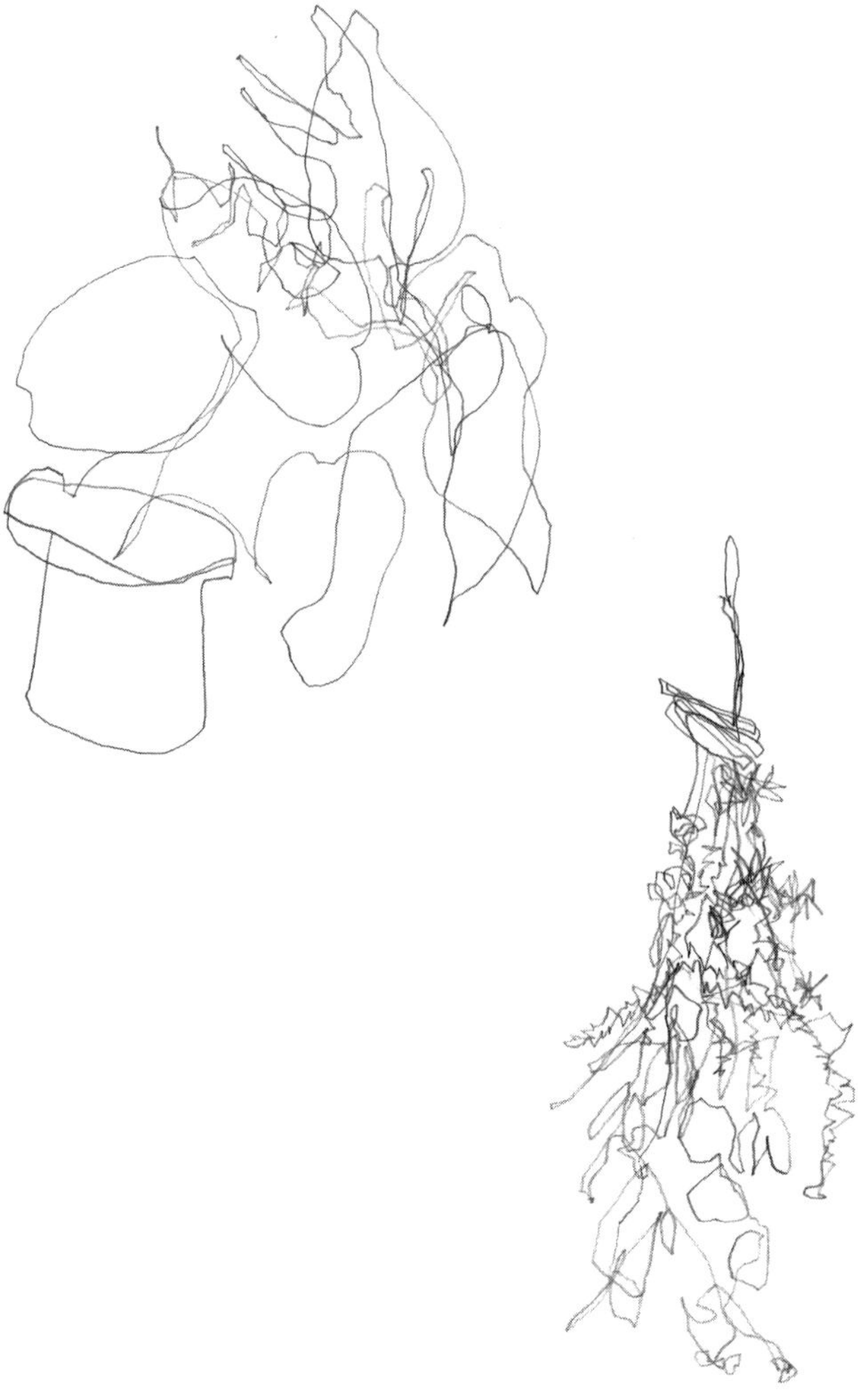

左手画　観葉植物（上）とドライフラワー（下）

一度目の絵を描くとき、あなたは紙と被写体、どちらを多く見ましたか？

もし顔を描いていたとしたら、きっと髪の毛を描くときには紙のほうだけを見て、ペンを動かしていたのではないでしょうか。それは、被写体を見て描いた絵ではありません。「目はこういうふうについている。髪はこういうふうに描くものだ」と、後天的に獲得した、知識によって描かれた絵なのです。

逆にいうと、二度目に描いた「いい」絵は、あなたがかつて描けたはずなのに、社会性を身につけ知識を得たことによって、描けなくなってしまった絵なのです。

相対軸の中では常に「他人の目」や「これまでの経験」「積み上げてきた知識や技術」を意識してしまうのですが、絶対軸を取り戻すと、それらからいったん自由になれます。ただ真っ白な気持ちで、目の前のものとだけ向き合うことができるのです。

このワークショップは左手（利き手じゃないほうの手）で描くというのがポイントで、それによって「うまく描こう」「上手に描かなくては」という、無意識に感じている呪縛から解放され、ラクな気持ちで絵に向き合うことができます。

「描きたいもの」をたくさん見ると
「いい絵」になり、
「描いている絵」をたくさん見ると
「ふつう」になる。
絶対軸は、「描きたいもの」の先にある。

誰だって、左手でうまく描けるわけがないですものね。そのうえ、できあがったものが「結構、いいね」となるわけですから、絶対軸の面白さや心地よさを感じることができるかと思います。

ぜひ、少しだけ心と時間に余裕があるときにやってみてください。

新しいユニークな、あなたらしいものを生み出していくために

デザインでもアイデアでもそうですが、**ロジックだけを積み上げたり、テクニックだけに頼ったりすると、その先に待っているのは「決まったゴール」です。**

仕事の種類によっては、決まったゴールにいち早く到着することが求められることもあるので、そういう場合にはその道筋を進めばいいのですが、**新しくてユニークなものを求められている場合にはそれではうまくいきません。**そこで必要なのが「**何もない空間**」、**つまり「余白」**です。

歩いてきた道が、突然目の前から消えてなくなって、ただのまっさらな空間になる。これは、慣れないと不安なものです。

山道などもそうですが、人は、獣道《けものみち》のように、なんとなく誰かが踏みしめた後にできた道らしきところを歩くものです。山道では遭難が怖いのでそれが正解なのでしょうが、それでもたまに、道が途切れて「あれ？」と思うことがあります。

どっちに進むのも自分次第。決めるのは自分。そんなときに、普段は入らないスイッチが入ります。思考の積み重ねをベースとしない、非連続なアイデアがひらめく。非連続な新しい発想が生まれるのは、そこに余白というまっさらで自由な空間があるからです。

日常のビジネスシーンでは基本的には論理的思考、ロジカルシンキングが尊ばれます。ビジネスパーソンたちは、論理を組み立てて考える、つまり、曖昧さや余白がないように思考するという訓練を積み重ねています。

それは多くの場合、とても有効な思考法なのですが、その弊害として「ロジックが破綻する恐怖」を抱えることになりました。ロジックから外れて道が途切れたとたんに、行き場がないという気持ちになってしまう。そうならないようにと、より緻密《ちみつ》に強固なロジックを組み立てることに意識が向いてしまう。

大げさにいえば、「この道から外れたらすべてが終わってしまう！」とでも言わんばかり。これでは、ストレスも大きいし常にびくびくしながら進んでいかざるをえません。

「決まったゴールまで、論理という道が必ず続いている」という前提が、実はもう、通用しなくなっているのです。道が途中で消えるのは当たり前、そこからは自分が進みたい方向に自由に進んでいい。ジャンプしたかったらジャンプしてもいいし、立ち止まり、座って空を見上げていてもいい。その先に、あなただけが付加できる価値があるのです。

しかも余計な肩の力がスッと抜けた、ラクな気持ちでそれができる。

そう、余白は一種のジャンプ台でもあるのです。

直観を切り捨てないための余白思考

「余白」とは何か？　余白を持つと、どんないいことがあるのか？　それを伝えたくて、手を変え品を変え説明しているわけですが、本当のところは、**余白というものの捉え方は自由**です。そもそも「余白ってこういうものだよ！」と言語化できないところに、余白の真の価値があるのではないかと思っています。

そうはいっても、すてきともなんとも思わなければこの先を読むのもしんどいと思いますので、ここではできうる限り、余白を言い換えてみたいと思います。

①余白＝なんでも受け止める巨大なクッション

余白というのは、なんでも受け止めてくれる巨大なクッションです。どんな話もどんな出来事も、理由も根拠もなくただ「受け止めてくれる」。

自分自身が「なんか気持ちいいね」「それ、好きかも」「ちょっと気になるから、とりあえず放り込んでおこう」くらいの軽やかさでどんどんふくらませることができる場所です。

②余白＝曖昧で言葉にできない思い

余白では、曖昧さが否定されません。曖昧さを、曖昧なまま受け止めることができます。

非言語領域、という言い方もできるかもしれません。いわゆる「直観」や「勘」のようなものです。「好き」とか「気持ちいい」、あるいは「嫌い」「なんか気持ち悪い」という本質的な直観を捨て去らずに大切に持ち続けることのできる場所でもあります。

余白のイメージ

①なんでも受け止める巨大なクッション

②曖昧で言葉にできない思い

③おもちゃ箱

④なんとなくやりたい気持ち

⑤なんか好き

⑥体感ベース

⑦いつでも終わらせることができる自由

③余白＝おもちゃ箱

「片付けなさい！」と言われても、どの棚に入れていいかわからないものってありますよね。それをとにかく放り込める、雑多なおもちゃ箱のような存在が余白です。

いや、箱というよりも、『ドラえもん』の四次元ポケットみたいな感覚でしょうか。いつでも入れられる、なんでも、いくらでも入れられる。そういうスペースがあると、部屋も片付くし親にも怒られなくて済む。

無理やり物事にタグをつけたり、ラベルを貼る必要はないのです。

④余白＝なんとなくやりたい気持ち

現代社会では、「なぜ、そうしたの？」と問われたときに、「なんとなく、やりたいと思ったから……」という答えでは許されないことがあります。

もちろん、僕も会社で「この稟議《りんぎ》はなぜ？」と聞いたときに「なんとなく」なんて答えが社員から返ってきたら、それはダメだろうと言います。

でも、ビジネス以外のあらゆる面でも、「なんとなくではダメ」という風潮になってしまっているのではないか、と感じています。

僕たちを動かすのは、いつも前向きで能動的な「やりたいという気持ち」です。理由はなくても、やりたい。なんとなく楽しそう。

やりたくはないけど、なんらかの理由があってやらなければならないから、という人が5人集まるよりも、「やりたい!」という人が1人いるほうが絶対にうまくいくはずです。

社会には、やったほうがいいということはたくさんあるけれど、是が非でもやらねばならないことというのは、実際にはほとんどありません。

一方「やりたい」ことは、きっと誰もが持っている。「やりたいことなんてないよ」という人がいるとしたら、それは、諦めてしまったのか、無理やり忘れてしまったのかのどちらかです。「どうせできないし」と、どこかにやりたい気持ちを閉じ込めてしまっているのだと思います。

⑤余白＝なんか好き

デザインの世界では、「好き」という感覚をとても大切にします。デザイナーの仕事というのは、端的にいうなら「関係性をつくること」です。たとえば、ある商品とある人々の間の新たな関係性、売りたい商品と買ってくれそうな人たちの間のポジティブな関係性。両者をどんなふうにつなげていくかということを考えるわけです。

関係性をつくるうえで大事なのは、**100％言語に頼るとなかなかうまくいかない**ということです。

言葉は案外、限定的なものです。世代や地域で受け止め方が変わります。言語化されたものだけを拾ってつなげても、よい関係性のデザインはできない。言葉からこぼれた曖昧さのほうが、ときにはずっと大事だったりします。

ちょっと変な例かもしれませんが、

「お金を全部払ってもらえるなら、一緒に遊びにいこう」

という直接的な利害関係ではなくて、

「一緒に遊びにいったら楽しそうだから、行ってみようかな」

と思ってもらうところを目指すわけです。

デザイナーの仕事というと、美しいグラフィックやウェブサイト、プロダクトの見た目だけをつくる仕事と思われがちですが、デザインを通じてそういった関係性をつくっていくのも、僕たちデザイナーの仕事です。


スペックや実利的なことだけでは人の心は動かない。じゃあ、何が人の心を動かすのか。それは、そのものが持っている「曖昧だけどなぜか気になる」ところを一人ひとりの個人的な生活の中に落とし込んでいくことです。

誰かに何かを売りたいときに、品質のことだけを語るのではなく、「これがあったら毎日が楽しくなる」「なんか心地いい」「ワクワクする」というように気持ちを揺らしていく。

お酒でいえば、このお酒はどういうシチュエーションで飲みたいのか。誰かと一緒のほうがおいしいのか、それとも1人で飲みたくなるのか。品質のよさを他と比べて語るのが相対軸の世界だとしたら、「なんとなく楽しい」は絶対軸の世界。相対軸の中で生きながらも絶対軸の感覚を取りこぼさないことが、とても大切です。

スペックを伝えるには数字やロジックが有効ですが、「なんとなくいいでしょう?」を伝えるためにはそれだけでは足りない。そのため、デザイナーは日々いろいろな表現方法を試行錯誤しています。

絵で説明する、映像で見せる。ときには詩や物語をつくることもあります。受け手側によって響く手段、そうじゃないやり方があるので相手の様子を見ながら結晶化する言葉だけを拾ってつなげていきます。

こぼれおちた曖昧さを拾ってつなげていく、言葉にならない感覚をどんどん取り込んで結晶化させて出力していくというデザイナーの仕事を、僕は「最高に楽しい!」と日々感じています。**「余白」は、言葉にできない「なんか好き」の集まる場所**でもあるのです。

⑥ 余白=体感ベース

とにかく自分自身の感覚を信じてみる。「好き」「気持ちいい」「心地よい」「ワクワクする」「キュンとなる」といった感覚というのは、自然と自分の身体の声が漏れ出してくるものです。自分の「楽しい」「好き」を優先して大切にする時間を持ってもいいと思います。その感覚に素直になっているとき、あなたは余白の中にいます。

自分自身の前向きな衝動に正直になってみると、余裕のある新しい余白の世界が開けていきます。

⑦ 余白=いつでも終わらせることができる自由

「楽しそうならやってみる」ことと同じくらい大事なのが、「いつでもそれを終わらせることができる自由」を持っておくということです。

「せっかくここまでやってきたのに」

「今やめたら、これまでのことが無駄になる」

そんな声は気にしなくても大丈夫です。始めるのも自分なら、終わらせるのも自分です。

僕が学生時代から好きな小説の一つに梶井基次郎《かじいもとじろう》の『檸檬《れもん》』があります。高校の国語の教科書に何度も掲載されている、文学史に残る名作なので読んだことのある方も多いと思います。この小説の中の「私」は檸檬を爆弾に見立てて、とある気づまりだと感じている場所を「粉葉《こっぱ》みじん」にするという想像を持ち、面白がります。

この檸檬のように「いつでも終わらせることができる」覚悟を、誰もが心の中に持っておくことが大切なんじゃないかと思います。「今自分がいる、(相対的な)この世界がすべて」ではないし、そこに永遠に閉じ込められているわけでもない。出ていくかどうか、続けるかどうかを決める自由を(これは権利という言い方をしてもいいかもしれませんが)持っておく。

「相対的な社会をいつでも終わらせることができる精神」とでもいうのでしょうか。それが、余白を大切にしながら絶対軸で生きるために、とても大切なことなのだと思います。

余白が全体の良し悪しを決める

なにか一つでも、ピンときたり、「わかる……」と思える表現はあったでしょうか。あるいは「もっとこういうふうに言ってくれればいいのに」と思うイメージが湧いてきたなら、それが「あなたにとっての余白」です。

ただ、ここまでの話から、もしかしたら余白を「ラフなもの」「無責任なもの」と捉えている方もいるかもしれませんが、それは少し違います。

あくまで、本当に大事なもの（コア）を大切に守るための、意味を持った空白です。**そこには、不必要なものや不快なものを排除するような、ある種の厳しさも伴います。**

実際、デザインの仕事においても、余白のつくり方には本当に気を使います。**主となる部分がどんなにすてきでも、余白に雑さがあると、それだけですべてが台無しに**

なることもあるからです。

「細部に神が宿る」という言葉を聞いたことがある人は多いでしょう。何も置かれていない余白を含め、本当に細かいディテールまで気を配ることでデザインの強度は上がっていきます。

そうはいっても、みなさんは日頃、「余白」について考えることはないかと思います。「そもそも余白をつくれない」「余白が怖い」「余白がないことに慣れてしまっている」という方も多いでしょう。

それなのにいきなり「余白の機微を考えて」とか「すてきな余白をつくりましょう」といわれても無理というものですよね。

まずはとにかく、「余白」をつくってみていただきたいと思います。その先にある、余白の厳しさや洗練された世界観については、余白をつくれるようになってから考えましょう。余白をつくれるようになれば、「もっとこういう余白のほうが、自分には合っているかも」「余白をこういうふうに捉えたほうが、しっくりくるな」「こういう余白のほうが好きかも」など、余白の良し悪しも気になってくるはずです。

第1章のまとめ

余白思考とは……物事と物事、人と人の間に、戦略的にすきまをつくること。そして、心地よいすきまは、意図的につくらないとできないと知っておくこと。

僕たちは、「まじめにやろう」「頑張ろう」「もっと成長しよう」と思うと、すきまのことを考えずに物事を詰め込んでしまう。すると、いつの間にか、本当に大切なことや目標、夢などをないがしろにしたり、「つらい」「しんどい」「疲れた」などのネガティブな気持ちにつながったりしてしまう。

いいもの、あなたらしいもの、やりがいのあるもの、クリエイティビティを生み出すためには余白は不可欠である。

今すぐできる余白思考

・スケジュールを組むときは、予定と予定の間の時間を意識的に確保して、バッファを計画に必ず組み込む。
・距離感が近すぎる人からは、積極的に距離をとる。
・混みすぎる電車やエレベーターを避けてみる。

・家庭人・仕事人以外の、第3の自分を持つ。
・スペースを埋めない。スペースが埋まったことに満足しない。
・自分にとっての大事なものを、一度考えてみる。具体的には、何をしているときが楽しいか、どういうときにやりがいを感じるか、など。
・「ぎりぎりいっぱいまで」を狙うのをやめる。
・いつものカバンで荷物を「半分」にしてみる。
・得意なこと・好きなこと・理由はないけどいいと思うことに、きちんと時間と手間をかける。

第2章

仕事の余白

スピーディないい決断、チーム力、前に進む力の生み出し方

大事な決断に迷わないために

人生は決断の連続です。

経営者に必要な資質も、またデザイナーに必要な能力も決断力といわれています。しかも、その決断には速度が要求されていて、迷っている余裕はありません。**日々スピード感を持って、次々と決断をして進んでいかなければなりません。**仕事をしている人なら誰でも、日々、たくさんの決断を迫られているはずです。

スピーディに物事を決めるのが苦手だという人も、中にはいるでしょう。実際、僕たちは日々直面する多くの決断シーンを、「現状維持」「選ばない」で済ませがちです。覚悟を決め、ある選択をしていたらチャンスになったものが、見送ったことで失われている、ということも多いはずです。

仕事においては、役職や立場が上がると、求められる決断がより多く、よりシビアに、よりスピーディになってきます。経営者の第1の役割は、「決めること」だといっても過言ではないくらい、経営の現場では「決断」を繰り返さなければなりません。

僕自身は、普段、経営者として決断できているのか。

自己評価ですが、その点でいえば、その時々に必要なスピードで物事を決めることができている、と思います。それはなぜかといえば、やっぱり「余白」の力だと思います。

「決める」ということについて考えるとき、いつも思い出す感覚があります。それは、大学時代に体験したものです。

当時、僕は総合大学の社会学部で「写真表現」を専攻し、何千、何万枚とシャッターを切ってきました。指導教授に、

「一つのレンズを自分のものとして使いこなすためには、同じレンズで1万枚、シャッターを切りなさい」

と言われ、ほぼ毎日、一眼レフを肩に掛けて過ごしていました。学生に課題として与えられたのは、24枚や36枚といった枚数制限のあるフィルムでの撮影。デジタルカメラのように「何枚撮ってもＯＫ」というわけにはいきません。

24枚撮りのフィルムなら24回、36枚撮りなら36回。その限られた回数だけ、「世界を切り取る権利」が与えられている。

いつもそのように考えながら、被写体に向き合っていました。この「構図を切り取る権利」こそが、「決める」ということです。限られた回数の、世界を切り取る権利を持つこと。緊張感と隣り合わせのこの感覚は、今の仕事にも生きています。

これは、デジタルカメラでは決して味わうことができません。デジタルカメラで写

大きな失敗も、
「自分で決めた結果」ならば、
次につながるチャンスになる。
「結果的にそうなっただけ」ならば、
次もきっと失敗に終わる。

真を撮ることに慣れてしまうと、「決める」ということへの自分自身の責任が軽くなるように思います。

そもそもデジタルカメラとフィルムカメラは、被写体へのアプローチが違います。フィルムカメラは**流れゆく風景や被写体の時間に向き合い、一つの瞬間にシャッターを押し、目の前に広がる無限の選択肢の中から一つの画角（実際に写る範囲）をすくい取る**ようなアプローチです。ある意味で、シャッター音とともに行われる、特別な儀式のような感覚があります。

それに対してデジタルカメラは、とりあえずシャッターを押してから過去を振り返って決めればいい。迷ったらとにかくたくさんの写真を撮って、その中からよりよいものを選んでいく。どちらかというと消去法の撮り方です。

一部のデジタルカメラは、フィルムカメラのように、PCにつながないと撮った写真を確認できないようになっていたりと、フィルムとデジタルの境界線にあたるような機種もいくつか出ています。しかし、根本的な考え方が違うわけですから、デジタルカメラでは、フィルムカメラ特有の、自ら「決める」という能動性とシャッターを押したときの決断感、儀式感はなかなか生まれにくいものだと思います。

「決断」「判断」が一番難しいのは、この、まだ定まっていない世界の中から、自分で想像して画角をつかみ取るという場面です。そして、この難しい決断や判断こそが、人生や仕事の鍵を握るものであるといえるでしょう。

たとえば「仕事は何を選ぶか」「どんな会社を選択するか、独立するか」「大学で何を勉強するか」「どこに住むか、引っ越すか」「結婚するかしないか、誰とするか」「子どもを持つか持たないか」……。その判断の瞬間に正解かどうかはわかりません。そこに残るのは、決断した、という事実だけです。

こうした選択は、後から振り返って選ぶことができない、フィルムカメラ式のものでしょう。本章では、このフィルムカメラ式の決断の場面について、考えていきたいと思います。

「いい決定」は余白から生まれる

僕は、どんな決定も、なるべく即座に行うことにしています。それには理由があります。

一つは、単純に、悩む時間がもったいないから。「悩んで時間をかけて決めたほうがよい結論が出せる」「多角的な視点から物事を検証したほうがいい結論になる」という決断の方法論を、僕はあまり信用していません。それより、最初のインスピレーションを信じ、そのインスピレーションの精度を上げていくほうが、考え方としてシンプルです。

最初に「何かおかしいな」「ちょっとひっかかるな」と感じたとき、たしかに「よくよく話を聞いてみれば、それもありかも」と説得され、最初のインスピレーションと異なる判断をすることがあります。

「悩んで時間をかけたほうがいい結論が出せる」
わけじゃない。
自信のなさをあれこれ理由付けして
自分を納得させているだけ。

でも、こういうときに**最初のインスピレーションを否定して、いい結果になったためしがありません。**また、最初に自分のインスピレーションを否定しているので、その延長で判断が必要な場面でも、その精度は徐々にずれていく気がします。

というわけで、判断の精度を上げるために、資料を読み込んだり、情報収集したりということには時間をかけるけれども、いざ、判断するとなれば、決断は一瞬。それが僕には性《しょう》に合っていると思います。

決定を即座にするための必要条件が、余白です。**即座にいい判断をするためには、自分の中に余白を持っておくこと。**

それは、インスピレーションを最大限に働かせるためです。

僕たちは、日ごろ、様々な先入観や偏見に触れています。自分では影響を受けていないつもりでも、そもそもの判断をする人が、無自覚に偏ったところから物事を見ている、ということがよくあります。

特に、余白なくギチギチの状況下では、インスピレーションが正しく働くことはま

大事な決断の際は、
心と体に意識的に余白をつくること。
すると、少なくとも後悔だけはしない
選択ができる。

ずありません。思考のゲシュタルト崩壊のようなことが起こってしまって、目の前のものの本質をつかめなくなるからです。

いいインスピレーションの源泉となるのがニュートラルさ。そのために僕がよくやるのは、**ジャンプ**です。比喩《ひゆ》ではなくて、本物のジャンプ。

何か判断を求められて、「今ちょっと余白が足りないかも」「他のことで頭がいっぱいだな」と思ったら、実際に、ぴょんぴょんと跳ねる。ジャンプすることで身体の軸をニュートラルな位置に戻すことができます。スポーツをする人は、身体のバランスを戻すためにジャンプしますが、それとまったく一緒。心身一体。不思議なもので、心は身体についていきます。

もう一つ、これは仕事の合間にはできないのですが、習慣として個人的におすすめなのが、**お風呂でお湯に潜《もぐ》る**こと。「空気が読めない」という言葉もあるように、社会性や相対性は空気とともに僕たちにまとわりついています。お風呂に潜ると、身体の周辺から空気が消えて水につつまれ、余計なものが全部はがれていく、そういう実感があります。僕自身は単純にお風呂やプールが好きということもあるのですが、毎日朝晩2回、お風呂にお湯をためて頭の先まで潜っています。

お湯に潜ることで空気を遮断するというのも、自分と社会の間に余白をはさむ作業になっているのかもしれません。

名経営者といわれる人の中には、ランニングやジムでの筋トレ、サウナやトライアスロンなどを趣味にしている人も多いと聞きます。共通しているのは、目の前のことに集中し**「思考をクリアにする」**ということ。つまり、「無心になる」ということです。

お風呂に潜ったりジャンプしたりすることには、身体を動かすことやサウナと共通して、無心になり、余計なものを落とす効果があります。

これらはすべて、本質的でシンプルな判断を可能にするために、自分をリセットする手段です。

それでもニュートラルになれないときもあります。たとえば、何かにすごく怒っていたり、疲れていたりという場面です。そういう**ニュートラルじゃないときには、結論は出さないこと**が大切です。

お酒を飲みながら出す結論なんて、ろくなものではありません。会食で何か約束するのもやめておきましょう。盛り上がって意気投合するまでにして、実際に結論を出すのは、ニュートラルな状態になるまで待ったほうがいい。

また、「今すぐ決めてください」と迫られると「それは脅《おど》しだから無理」と僕なんかは言いたくなります。決断は即座に出すべきだと思うけれど、それはあくまでも自発的な行為でありたい。相手から迫られた決断には、インスピレーションが働きにくいものです。

決断は自分自身の余白の中で、自分が主体のタイミングで行うことが大切です。

最高と最低の間の「余白」

経営者として、そして他人に仕事をまかせる立場の人間として、僕が決めているポリシーがあります。それは、

・常に最高のパフォーマンスを求めること。

その一方、

・最低の場合を想定してリスクヘッジをしておくこと。

この両方を同時に持つことが重要で、これができないとマネジメントはうまくいきません。最高のケースだけしか考えないのはさすがに楽観的すぎますし、最低の場合

のヘッジばかりしているのでは進歩もイノベーションも起こらない。それではまったく面白くありません。

この二つを両極端に「張る」のが、決断の鉄則です。どこまでその距離を広げられるか。ここが、その人の器《うつわ》が問われる部分です。

最高と最低を同時に視野に入れる。そしてその間は余白として曖昧に、他者が介在できる領域にしておく。経営の場面に限らず、あらゆる決断において、とても重要です。

最高と最低のラインを決めると、当然、すべての決定はこの範囲の中で行われることになります。これは、舞台の右の袖から左の袖までの長さと奥行き、そして天井の高さまでが決まった、ということ。その舞台から外れさえしなければ、好きなように行動していいよ、と舞台に立った人たちに決定権をゆだねることができます。

経営者である僕が考えるべきことは、舞台をつくること。そして、それはできるだけ大きなものにしたい。すぐに転がり落ちてしまうような、あるいは姿が隠れてしまうような小さな舞台では、のびのびパフォーマンスができません。メンバーには「(この範囲の中なら)好きに決めて動いていいよ」と伝え、「それはダメ」という言葉はなるべく言いたくない。

そのために、ダメなことがほとんどないという舞台、つまり前提をつくる。それが、最高と最低のラインをなるべく離して、その間に余白地帯をつくるということです。

これは、経営だけじゃなく人生においても同様なのではないかと思っています。最高と最低のラインの間を広く持つだけで、自分自身の動ける範囲も自由度も格段に広がります。

常に最高だけを追い求めるというのは、一見、とてもかっこいいことのように思えますが、僕にとっては、それは息苦しい。絶対にやらなくてはいけないという一点を決めて、計画をつくり、毎日努力してそこに向かって突き進むこともすてきだと思いますが、やりたいことがその都度変わるような寄り道の多い生き方も楽しいと思いませんか。

僕の正直な気持ちをいえば、なるべく楽しいことだけをやって生きていきたい。なるべくストレスなく自然体で過ごしていきたい。そのためには、できるだけ大きな水槽、つまり余白があったほうが、自分もみんなも自由に泳ぐことができます。

泳ぐ方向も、「こちらを目指せ！」という矢印があるわけではなく、水槽の中でさえあればどちらを向いて泳いでもＯＫ。結果的に最高のパフォーマンスにつながれば、それでいいのです。

もちろん、中には「水槽から飛び出たい」という人もいます。その場合は、組織であれば、「それは今の組織にいないほうがいいんじゃない？」というだけの話。どうぞ飛び出てください。

水槽、つまり会社は、あくまでも器です。個人が社会と戦うための器。自分らしく戦うために、最大限利用すべきだと思いますし、その器の中では泳ぎにくいと感じるのであれば、無理せず出ていくべきだと思います。

「互いの力を生かし合う」のも余白の力

人に仕事をまかせたり依頼をするのが、苦手な人がいます。「自分でやったほうが早い」と、つい思ってしまう症候群みたいなものでしょうか。特にこれは、仕事が「できる」人が持ちがちで、初めてマネジメント職になった人のほとんどが一度は抱える悩みです。

僕自身も、特に作品づくりにおいては、そう思わないこともないというのが正直なところです。1人でやれば、当然、他人と一緒にやるよりもストレスはないし、自分の狙い通りのものができやすい。できなければすべて自分の責任なので、自分の力を磨けばいいわけですから。

でもそれでも、最近は周囲の人と一緒につくりあげていくことの意味を、強く感じています。それは、**他人と一緒につくるときに起こる「イレギュラー」、つまり偶発性が、事前に予想できなかった効果を生み、結果的にクオリティを上げてくれる**ことが多いと気がついたからです。

不思議なことなのですが、作品づくりもプロジェクトも、1人で完結させるより偶発的なイレギュラーが起こったほうが、いいものができあがることが多々あります。

すべてが最初の予定通り、自分の設計図のままだと、それは「すでにあるもの」「すでにある価値」の中にとどまっているにすぎない。自分にできることの枠の中にあるものだけをアウトプットしていく、単調な仕事になりかねません。これは、案外退屈で、飽きるのも早くなります。

論理を積み重ねた先に最適解があるような仕事ならば、それでもいいのかもしれませんが、本書の冒頭で取り上げたような自分自身の経験や興味関心に基づき、非連続なコンセプトを導き出す「アート思考」や、商品やサービスを使うユーザーの視点から考え、他者視点で解決策を考える「デザイン思考」においては、イレギュラーは決して忌避するものではなく、むしろハッとする驚きや意外な喜びを生み出すものとして歓迎していいと思うのです。

僕も実は、「全部自分の思い通りにしよう」と思って、失敗した経験があります。数年前、自宅を自分で一から設計して建てることにしました。考え尽くした「理想の家」。こうあってほしいというすべての願いを詰め込んだ家ができあがりました。ところがこの家に、たった数カ月で飽きてしまったのです。

住み始めた当初は、とても気持ちがいい毎日でした。あるべきものがあるべきところにある。まさに、かゆいところに常に手が届く完璧な空間。違和感のない自然な日常の連続です。

だけど、逆にまったく驚きがない。空間としての新しい発見がない。暮らしのアイデアを求められることもない。「もっとこうだったらいいのに」という希望もない。がっかりすることは一切ないけれど、新しい喜びもありませんでした。

それで次第に、「面白くないな……」と感じるようになりました。ストレスは感じないけど、ときめきがないという感じ。熱くも冷たくもない、ぬるま湯につかっているような気持ちになっていったのです。

おそらく、**「自分じゃないもの」という要素が、実はすごく大事**なのだと思います。偶然性の力を借りるということ。自分以外のものの力を信じるということ。そういうものを取り込みながら、イマジネーション（想像）も世界も広がっていくのです。開口部を設けて外部の風景を取り込む借景の美しさと豊かさに、心の底から納得した経験でした。

抱え込んでいるものを思い切って他者にまかせることで、そうした広がりが生まれる。それがわかってから、「自分ではない何か。つまり、自然や人にまかせる」ことが、前よりうまくなった気がします。

前述のように、最高と最低の間を広く持っておく。その中で、他者にまかせる。そ

思い通りに行きすぎると、
結局はつまらなくなる。
楽しさややりがいには、
「意外性」が不可欠。

の人が目的をしっかり理解していて、それに向けて真剣に取り組んでいるかぎり、「私ならこうする」はいったん封印。**「私ではないもの」になるべくGOを出す。**

いま思えば、僕自身が設計し建てた家には、まさに自分にとっての余白がなかったのだと思います。すべてをコントロールしようとして、自分が思う最高の状態にしてしまった結果、新しいものが何も生まれなくなってしまった。

自分の力だけで完結させずに、他人の力と偶然の力を掛け合わせることができる場所、それが、余白です。そういう場所を身体的にも時間的にも心理的にも常に持っておくことが、本書で提唱する〝余白思考〟の基本です。

人を動かす、シンプルな本質

世の中にはいろいろなバイアスが働き、複数の力学が作用しているので、本質がどんどん見えにくくなり、奥底に隠れてしまっています。「本質は何か」を考えるよりも目の前のことが気になって仕方ない。

たとえば、とあるプロジェクトへの参加の打診があったとします。企業のビジネスパーソンの場合なら、新しい仕事や営業先への依頼が入ったと想定してください。そういうときに、その仕事を受けたらこういう手間が増えるし、クライアント企業の○○さんは結構な「うるさ型」だという評判だし、何より時間もないし……などというマイナス面ばかりに目が向きがちです。

理解できる部分もありますが、でもやはり、僕はそういうネガティブなことを考えるより「プロジェクトがうまくいったら楽しそうじゃない？」とあっけらかんと言えるスタンスでいたい。

そして、案外こういう一言が、人を動かす力を持っています。

もちろん、僕も適当なことを言っているわけではありません。十分に咀嚼《そしゃく》したうえで、この新しいプロジェクトに参加することの本質ってなんだろうと考えて出てきたのが「楽しそう」だったということです。

それをピュアに目の前に見せる。シンプルに伝えてみる。そういうほうが理屈で説得するよりも想いが伝わって、人の心を動かすような気がしています。

「楽しい」「ワクワクする」「好き」——そういうことを大事にするというのは、本来、誰にでも簡単にできることです。無邪気な絶対軸の自分に戻ればいいだけのこと。けれども、社会の中でもまれているうちに、いつの間にか言えなくなっていきます。

「いつまで子どもみたいにお気楽なこと言ってるんだ」「相変わらずバカな夢を見てるな」なんて言葉に負けてしまうのです。だけど本来は、そういうことこそが人を動かす力になるはずなんです。

とはいえ、無邪気を貫くには、もちろんそれなりの「力量」が求められます。新卒やアシスタントが能天気に「楽しそうだからいいんじゃないですか」と言ってきたら、「いや、その前にもうちょっと考えよう」と、僕も言うかもしれません。結局、ここも塩梅《あんばい》。ここに必要なのも、考え方の余白です。

指示とコントロールは紙一重

会社勤めの友人が、最近こうこぼしていました。

「今年入ってきた新人の指導係になったんだけど、とにかく質問魔でいちいち聞いてくるから困っている」と。どんなことにも指示と説明、そしてすぐに答えが欲しいらしくて、「自分がいいと思うようにまずはやってみて」が通じないということでした。その代わり、指示したことはきちんと仕上げてくるということで、「まあ、そういう意味では優秀なんだけどね」と。

僕の世代もさんざん言われてきたことなので、「最近の若い者は」みたいな論調で語りたくはありません。年齢に関係なく、こういう人はいます。また、それはそれで、適材適所の場合もあるのだと思います。

一方で、僕はデザインの世界の人間なので、「そういう人はデザイン業界では働けないな」とも思ってしまいます。というのは、指示したことをそのままやるだけなら、デザイナーではなく、オペレーター（操作する人）。その能力は機械やＡＩに近い将来取って代わられるに違いないからです。

この本を書いている２０２３年は「ＡＩ元年」といわれています。ChatGPTやMidjourneyなど、もうＡＩはその片鱗を明らかに社会に提示し始めています。将来的には細部までもっと自然に、コストも労力も抑えられるようになりそうです。「人」が何かにかかわるならば、そこにその人ならではの〝頭脳〟が介入してほしいと僕は思います。だから、指示の出し方も、介入できるような出し方をします。裁量権を与える、つまり、仕事の指示にも余白を与えるということを意識しています。

「自由にやっていいよ」と言われるのはかえってやりにくくて困るという場合もあるでしょう。たとえば、コンビニやスーパーのレジ打ちなどはマニュアル通りに正確に処理をする必要があります。そういう作業をいかに上手にこなすかというのも、幸せの一つの形としてあると思います。

ただ、それでも、作業は作業できっちりやる一方で、やはり「遊び」というか「自由に決められる領域」は持てたほうがいい。それは、自分が介入し認められるという、人間の本質的な承認欲求にも通じるものです。

基本的には、働く人たちみんなが自分の頭を使って仕事に向き合ったほうが、個人の幸せを感じるレベルも高くなると思っています。

日本人は国民性として「相手の期待に100%こたえたい」という真面目さがあります。それは想いとしてはとてもいいことでもあるのですが、相手に100%自分を委ねるのは、やはりやめておいたほうがいい。それでは依存であり、自分の余白がどんどん狭くなってしまいます。

どこかのタイミングでいきなりはしごを外されてしまうようなことが、起こるかもしれません。自分の判断ではないので理由がわからなくて、深く傷つき悩むことになる。真面目な人ほどメンタルをやられやすいというのは、こういうところにも原因があるのではないでしょうか。

自分の頭で考えて動ける人を増やしていくには、まずは**指示を出す側の行動変革が**

必要です。指示の出し方を変える、いっそ、ドンと裁量権を渡してみる。余白込みで相手に渡すということです。

それで相手が失敗をしたり大きなミスをしたりしたときは、当然上司が責任をとるという覚悟を決める。一度の失敗も許さない風潮のある日本の環境の中ではとても難しいことですが、これをやらないといつまでもこの国は変わらないように思います。

もちろん、失敗した部下のことは叱っていい。期待外れだったら、そう言っても構わない。楽しければいいという、サークル活動をしているわけではない。プロとして仕事をしているわけですから、そこに妙な遠慮はいらない。

大切なのは、叱るという仕事上での関係性を、人間としての関係性と一括《ひとくく》りにしないことです。これは、叱られたほうも同様です。

「叱った」イコール「嫌いになった」ではありません。

「叱られた」イコール「嫌われた」と思い込む必要はありません。

その区別さえできれば、上司と部下は互いの余白を尊重しながら、力を最大限に活かした仕事をしていけるはずです。

余白のないところでは
人は育たない。

「仲間とパーティを組む」から前に進める

『ドラゴンクエスト（以下、ドラクエ）』というロールプレイングゲーム（ＲＰＧ）をご存じでしょうか。『ファイナルファンタジー』と並ぶ日本のＲＰＧの名作として知られているこのゲームでは、ストーリーが進むにつれて「主人公」とともに冒険をする仲間が増えていきます。主人公と仲間をどう組み合わせるか、つまり「パーティ」をどう組むか、がゲームの醍醐味《だいごみ》の一つです。

多くのシリーズが出ていてすべてのドラクエに当てはまるわけではありませんが、基本的な考え方においては、一行は「馬車」をつれていて、その中にはパーティの定員オーバーになった仲間が待機している。そして「酒場」があり、パーティや馬車のメンバーも含めて入れ替えができるようになっています。

僕は、会社の経営や仕事はこの、「主人公」と「パーティ」と「馬車」と「酒場」の四つの役割と似ていると思っています。この四つがうまく機能することで、冒険も会社も前に進んでいく。

主人公は、言うまでもありません。会社経営でいうなら経営者ですし、プロジェクトで見るならリーダー、人生でいうなら自分自身です。

パーティというのは、つまり同じ志で助け合い、死力を尽くすメンバーです。魔王を倒して世界を平和にしたいという願いを持つ勇者がいて、その人と同じ夢を、命を賭《と》して描けること、そしてそれを実現するための力を持っていることが条件です。

想いだけでも、力だけでもだめ。両方がある人たちが集まるから、いい仕事ができます。

もしもそれほどの強い想いがなくて、でもなんらかの力は提供できるというなら馬車にいてもらいましょう。「本心ではそれほど世界平和には関心がないけれど、強力な回復魔法だけは使えます」というような人は馬車で待機してくれればいい。部分的に「困ったときだけ助けてね」という関係を結べばいいわけです。

それとは逆に、想いは十分にあるんだけどどうしても力がない、という人は酒場にいてもらって、たまに一緒に飲んで元気と応援をもらう。そういう役割があってもいい。

ドラクエ本家とは少し解釈が違うかもしれませんが、この**四つの役割を使い分けることで、物事はうまく回っていく**と思うのです。

つまり、自分自身も、事柄に応じてこの四つの役割のどこにでも入れるようにしておきたいということ。僕は、あるコミュニティだと主人公だけれど、別のコミュニテ

「想い」と「能力」のある分野でだけ
主人公になれれば、
人生は十分すぎるくらい豊かになる。

ィに行ったら酒場のメンバーです。デザインを部分的な役割として担うコミュニティにも属しています。

それに加えて、たとえ主人公だったとしても、たった1人でどうにかしようとするのではなくて、パーティ・馬車・酒場という三つの役割を生かすように考えること。

こう考えるためにはやはり、参加者全員の思考のどこかに余白も必要ですし、こう考えることで思考の余白も広がっていくと思います。

なお、ここでは「想い」と「力」という二つの要素を取り上げました。これについては、昨今、「想いが一番大事」と考える人が多いようにも感じています。「努力したけど結果が出なかったならば、それもなんらかの形で報われるべき」というような発想です。人生にとっては寄り道も大事だと思うし、それは繰り返しお話ししている余白だと思います。

でも一方、僕は経営者としては、**やはり力も大事**だと考えています。何ができるのかも大事。だから力のある人たちが自由に挑戦できる場所、器として会社があるというのが僕自身のスタンスです。

余白と起業　意外なつながり

ここまで読んでいただいた方にはもう、僕の根本が経営者というよりも、どちらかというとデザイナーやアーティストという、表現者の側にあることを察していただいているかと思います。

僕に限らずデザイナーは、ある意味一匹狼的な性格の人が多い。1人でいるのが苦じゃない。いつまでも1人で考え続けることができる。それが、むしろ楽しい。それなのに、僕がなぜ会社組織をつくり、経営者になるという生き方を選んだのか？

起業や独立は、大きな決断を迫られる場面だと思いますので、本項目ではそれについてお話ししたいと思います。

僕が会社を立ち上げることになった理由は二つあります。

社会人のスタートは、新卒で入ったPR代理店のクリエイティブ部門でした。1年間そこで仕事をした後に、建築の勉強がしたくて働きながら夜間学校に通いました。それが、一つの大きな転機でした。

デザインの価値は、幅広い領域に活用することができます。ですが、僕が独立を志した2008年、あらゆるデザインは、今よりもっと分断されていました。グラフィックはグラフィクデザイナー、ウェブはウェブデザイナー、プロダクトはプロダクトデザイナー、建築は建築家といった具合に。そんな環境の中で、デザインの価値をより高めていくために、すべてを一貫してデザインしたい、という思いを持つようになりました。

ただ、多くの会社は分業で回っていますし、当時勤めていた会社も例外ではありませんでした。特にPR代理店は、クライアントの商品あってのものです。

その若手社員（つまり僕）がいきなり「商品のコンセプトづくりからやりたいです。それを売る店舗とブランドをつくるための広告もデザインしたいです」と言っても到底無理というものでした。それで、会社をやめて転職するか、フリーランスで頑張ってみよう、と決意したのです。

そんな僕に、当時勤めていたPR代理店の社長はこう言いました。

「セイタロウくんのやりたいことをできる組織はたぶん今の日本にはないよ。本当にやりたいのなら、そういう環境を自分の責任でつくってみたら？」

しかも、そのために出資するから、株式会社をつくれと言ってくれました。フリーランスではできる仕事が限られる。だけど、株式会社の社長になれば、どんなに大きな会社の社長にも、どんな立場の人にでも堂々と会うことができ、軽んじられることなく仕事ができるからと。

当時、株式会社の設立に必要な資本金は1000万円。当時の僕には信じられないくらいの大金でした。

また、その頃は、「社長」になりたいという気持ちは毛頭なかったし、会社経営にもまったく興味がなかったのです。だからといって、「これをやろう」とがちがちに決めていたわけでもない。持っていたのは、「いつかは独立しよう」くらいの将来のイメージで、「今の環境を変えよう」という決断以外は、余白だらけだったのです。

そこに飛び込んできた、面白そうな提案でした。自己資金もないのに他人のお金で起業というチャレンジができるのも、とても幸運なことだと素直に思いました。それで、「やらせてください」と即答できたのです。結果、独立して2年後にすべての株式を買い戻すことになるのですが、当時の社長には、感謝してもしきれません。

会社を立ち上げることとなった理由のもう一つは、僕自身の「美」に対する姿勢の問題です。僕にとっては、「美」が人生の生きる目的の中で常に最上位にあります。常に、美の本質とは何かを考え続けています。

おぼろげにわかっているのは、そこにたどり着くためには1人では難しいということ。そして、人生のすべてを賭してもそこには決してたどり着くことはないだろうということ。ただ、そこに向かっていくためには、想いを共有する仲間が必要で、たどり着かない美の本質に向かい続ける人生は美しいものだということです。

そのために必要だったのが、他者の力であり、前項でお話ししたパーティ・馬車・酒場だったということに気づくのは起業よりだいぶ後の話にはなるのですが、当時の「組織をつくってみよう」という直感に従って、今があります。

起業のような決断は、すべてをちゃんと決めて、準備してからでないとできない、と思っている方が多いように思います。でも、僕のたどってきた道は、そうではありませんでした。余白だらけで、たくさんの人が力を貸してくれて、（社長がお金を出してくれて）今があります。

「全部決まっていないと怖い」

と思ってしまうかもしれませんが、その先がまったく経験のない物事ならば、飛び込んでみないと見えないことも多い。**飛び込む前に決まったことは、飛び込む前の価値観に従った、飛び込む前の物事の延長でしかない。**

最高と最低のラインを決めておけば、あとは余白に身をまかせていいのです。それによって、人生が大きく開いていきます。

「半分相手にバトンを預ける」から、物事がうまく回り出す

会社もチームも、あるいは子育ても、「**自転**」が大事——僕はそう考えています。

メンバーの一人ひとりが自分たちの頭で考えて、自力で回す。自分で自分のエンジンを回す自燃性の形。外の人に支えてもらわなくても、自分たちで立っていられる。そういう構造をどうやってつくるかが、あらゆる組織にとって大切なのだと思います。

つまり、他責ではなく**自責**で仕事をするということ。誰かの指示に従うというのは、単なるオペレーターにすぎません。いずれＡＩが取って代わってしまうでしょう。

自分で考えて自分で動けるということは、今後、これまで以上に大事になってくると思っています。そのためには、リーダーにも、メンバーにも、やはり余白が必要だというのが、僕の信念です。

リーダーの余白

まずはリーダーの余白の話。**リーダーに必要なのは、メンバーにある程度の裁量を持たせること**です。**「ある程度」というのは、リーダーが思っているよりも大きい**と考えてください。

会社組織の場合、そのプロジェクトを始めるかどうかは、権限を持った人が決めなければなりません。これはリーダーの大事な仕事です。

ただ、リーダーがいつまでもすべての権限を握っていてはいけない。同じ方向を見ているメンバーが集まったら、あとはなるべくメンバーにバトンを預けたほうがいい。自分たちで走らせるのです。

「この人にバトンを預けても大丈夫だろうか」

そう不安に思うこともあるかもしれません。だから、多くの人は、様子を見ながら少しずつ相手の裁量や責任を増やしていくというやり方を取ろうとします。しかし、それは逆効果。**最初にドーンと信用する。思いっきり勢いよくバトンを渡す。**

その理由は「そのほうが本人は嬉《うれ》しいんじゃないかな」と思うからです。もちろん逆にプレッシャーになるタイプも多くいるので見極めが必要ですが、僕自身は、まかされたほうが燃えるタイプ。やる気が燃え上がり、頭を使う量も最大限に増えます。

それに、少しずつ様子を見ながら試されるのって、なんだか信用されていないみたいでイヤじゃないですか？

もう少し経営者らしくいえば、少しずつ様子を見ながら試されるというのは、常に、「小さい○《マル》」をとり続けることを求められるようなものだと思うからです。リーダーのお眼鏡にかなうような小さな○をとり続けるというのは、自転して最終的に大きな成功を描くのと、根本的に考え方が違います。

「様子を見て、少しずつまかせる」は
信頼のなさの裏返し。かえって人は
無責任になり、失敗しやすくなる。
最初に勢いよくバトンを渡すことで
「いいスタート」が実現する。

テストの選択問題で「①か②か」という問題をクリアし続けていたのに、急に白い紙を渡されて「考えたことを自由に描いてください（自由記述）」と言われるイメージ。唐突すぎて少し動揺しませんか？

それならば、最初から、「この枠の中、全部自由に使って大丈夫」と大きなものを渡されたほうが、のびのびと力を発揮することができます。**人間が自分の枠を超えて一気に向上するのは、最大限にまかされたり信用されたりしたときです。**

数年前のことですが、僕は、2020年東京オリンピック・パラリンピックで組織委員会の「クリエイティブアドバイザー」を拝命しました。担当したのは、表彰式。日本を世界にアピールするコンセプトをつくり、表彰台のデザインやメダルを運ぶスタッフの衣装デザイン、会場ごとのクリエイティブを一貫した印象にするために、表彰式全体のデザインを管理監修する役割です。

その役割を拝命してすぐ、スポーツ庁長官の室伏広治《むろふしこうじ》さんにご挨拶《あいさつ》に伺ったのですが、室伏さんのリーダーシップはすごかった。今でも強烈に覚えています。僕を見て、ずいぶんおしゃれなのが来たねと笑った後に、たった一言。

「活躍を期待しています」

これこそ、大きな余白だと思いました。大きなバトンを、このとき、僕は預かったのです。

僕自身は会社のトップとして同じことができているだろうか。会社のメンバーたちにバトンを預けるときはいつも、このとき受け取ったバトンの大きさと重み、そのときの胸の高ぶりを思い返しています。

メンバーの余白

次に、メンバーの余白の話をしましょう。

リーダーから与えられた余白を生かせるのは、**余白を恐れない人**です。それはすなわち、**自分でも余白を持っている人**ともいえます。

リーダーからバトンを渡された先には、決められたコースはありません。**ただ、ゴールの方向だけが決まっている**ことがほとんどです。

自転する組織に求められるのは、「決められたことだけを、正確にやる人」でも、「誰かのリーダーシップに依存して、安穏としている人」でもありません。自分が組織を回す一員なのだという自覚を持って、ときにリーダーシップを握る。そんな人の集団が、自転する組織の一つの理想です。

ただ、多くの会社のブランディングのお手伝いをし、多くの会社の経営者と話をしていて感じるのは、これが本当に難しいということです。人についての課題がない会社に出合ったことがありません。

それでも、余白の中に自分の意思を持ってプロジェクトを前に進めていける、自転する組織という理想を追い続けることが大切です。

第2章のまとめ

余白思考とは……前に進む力をためること。そのために、意図的に余裕をつくること。自分ですべきことはする、人の力を借りるところは借りるという緩急が余裕につながる。

物事において、かけた時間とクオリティは必ずしも比例しない。いい決定はたいてい一瞬でできるし、その道のプロは短時間で最高の仕上がりを実現できる。重要なのは、大事なことに全力で当たれるように、自分のコンディションを整えておくこと。そして、誰かに何かをまかせるときは、中途半端にせずに思いきりまかせること。伸びしろはいつも、余白の中にある。

今すぐできる余白思考

・フィルムカメラで撮影してみる。スマホカメラの「何枚でも撮っていい」感覚との違いを感じる。
・準備を徹底的にしたら、インスピレーションで決める。
・会食や飲み会などで大事な約束はしない。

・お風呂に潜る。ジャンプする。
・物事の「最高」と「最低」を想定してから動く。
・思い切って周囲の人にまかせる。いったんまかせたら余計な口出し・手出しはしない。
・全部が「思い通り」に進んでいるときこそ、やり方を見直す。

第3章 人間関係の余白

快適で楽しい関係性と、信頼でき背中を預けられる仲間のつくり方

人と人の間には「快適な余白」が必要

「多くの人の悩みのもとをたどると、人間関係が大部分を占める」と聞いたことがあります。

ずかずか踏み込まれる。心ない一言に傷つく。抑圧される。軽んじられる。やりたくないことをやらされる。……。

人間関係の中には、様々なストレスがあります。

でも、97ページでお話ししたように、自分1人では生み出せない面白いものや感動を生み出すのも、やはり人と人との関係性においてなのです。

1人では生み出せないものも、人が集まれば生み出せるかもしれない。

自分の中にちょうどいい余白があれば、**相手との間にちょうどいい余白**をつくることができれば、人間関係の悩みの大部分は、自然と消えていきます。人間関係という枠組みにこそ、良い悪い、好き嫌いの二分割思考ではなく、グレーゾーンを認める余白の考え方を取り入れてほしいと思います。

反対にいえば、人と人の付き合いにおいては、どれだけ親しくても越えてはいけないラインというものがあります。親しき中にも礼儀あり。だからこそ、緩衝地帯としての余白の価値があるわけで、礼儀が存在するのは余白の中です。余白という、お互いを受け入れ合えるスペースがせっかくあるにもかかわらず、飛び越えて他人のコアに手をつっこもうとするのは反則です。

人間関係における「余白」について、まずはその方向からお話ししていきましょう。

「仲良くなれない人」の存在を認める

4、5年に1人くらい、会社を出入り禁止、つまり〝出禁〟にする人がいます。

――と、そんなことをいきなりいうと驚く人も多いと思います。僕はきっと、たいていの人からは、寛容で優しい人、どんな人にも興味があって、誰とでも垣根なく付き合う人だと思われているからです。

実際もそのイメージ通りで、裏も表もなく、僕は基本的に人が大好きです。

ただ、世の中には、他者との距離感をうまくはかれない人がいるのは事実で、ズカズカと土足でこちらの大切な部分に踏み込んでくることがある。これは、物理的な距離感だけでなく、精神的・時間的な圧迫も含まれます。

そういう人に当たってしまったときには容赦なく追い出して、シャッターを下ろします。「我慢の限界を超えて、一線を越えてしまった」というイメージです。ここから先は勝手に入らないでほしい、のラインを度々越えた人に対しては、とても厳しく冷たい態度になります。

厳しいといっても、相手に対して何か不満を訴えたり文句を言ったり怒鳴り散らしたりするわけではなくて、静かに「終わり」にします。

33ページの、家の縁側のイメージを思い出してみてください。招いていない客が勝手に家に来た。しかも縁側でお引き取り願おうとしたのに、許可なくどんどん家の中に入ってくる。家中のいろいろなドアを次々開けて、しまいには寝室にまで……。となったら、警察に通報したくなりますよね。そういう方は、次回から、そもそも敷地に入れたくない。それは当然のことだと思います。

「私たちの間柄じゃないですか！」

と強引に押し切ってくる人に妥協する必要はありません。

大事なことは、**合わない人とはきちんと適切な距離を取ること**です。距離を取って、相手との間に十分な余白があれば、相手の挙動は気にならない。そんな余白のつくり方から、考えてみてはいかがでしょうか。

ちなみに、前述の「静かに終わりにする」を、仕事でもやるときがあります。いいえ、もちろん、ちょっとしたトラブルや方向性の違いでは、やりません。そうではなくて、そもそも相手が僕たちを言いなりにしてコントロールしようとしたり、正当な理由なく議論を急に巻き戻してくるようなときです。最初はやんわりと伝えますが、そのニュアンスも無視されるなら仕方ない。

「かかった労力も経費も、すべてもう忘れるので、プロジェクトから下ります」となるわけです。相手は言いなりにさせようとしていた対象が、まさか損を被ってでも仕事を下りるとは思ってもいないわけですから、大慌てです。急に謝罪されたり、改善を申し出られることがありますが、そこからは正直、修復不可能。覆水盆に返らずです。

人間関係とは、そういうものだと思います。余白を飛び越えてくる人がいるような環境からは逃げたほうがいい。**我慢せずに、関係をやめたほうがいい**と僕は思います。

どうしてもうまくやれない相手は必ずいる。
「静かに終わりにする」自由は
誰にでもある。

どうしても逃げられないときの心の守り方

どうしても逃げられないときは、どうするか。

僕は幼少期から今までずっと『ドラえもん』の大ファンなのですが、『ドラえもん』のひみつ道具の一つに「独裁スイッチ」というのがあります。スイッチを押しながら消えてほしい人の名前を声に出して言うと、その人の存在が社会から消えてしまう。文字通り元々いなかったものになってしまうのです。僕はきっと、心の中にそのスイッチを持っています。

「押しちゃおうかな……」

そのスイッチが自分側にあると思うだけで、ずいぶん気持ちがラクになります。「逃げる力」あるいは「切り捨てる力」といってもいいかもしれません。その力は、余白思考における最後のカードとなります。

「そもそも仲間に加わらない」自由がある

前の項目と似ていますが、仲良くなることが難しそうな人には近づかない、というのも、人間関係において、大切です。

たとえば、ママ友（パパ友）に悩む人は多いといいます。ボス的な「〇〇ちゃんママ（パパ）」がいて、それに逆らえないという話。外堀を埋められて、子どものことを思うと「卒園（卒業）するまで我慢するしかない」と考える人が多いのだとか。

それ以外にも、「隣人と相性が合わない」「上司とそりが合わない」「会うといつも険悪なムードになる」……。そういうことも珍しくはありません。

デザイナーの感覚で考えても、それは大いにありうることです。たとえば、色には、隣り合わせにしたときに調和しにくい組み合わせがあります、専門的には、色の要素は、明度《めいど》、彩度《さいど》、色相《しきそう》で構成されているのですが、明るさ、鮮やかさ、色味がバラバラな場合には、色の不協和音が起こります。色どうしがぶつかり合って、まったく落ち着かない色彩の組み合わせになるのです。

ですが、ぶつかり合う色同士の間に余白を取ると、その状況は一気に落ち着きます。つまり、そのままストレートに並べるとぶつかり合うけれど、間に中間領域を設けると美しい調和が生まれるのです。

水槽で飼う魚もそうですよね。小さい水槽にたくさんの魚を入れるとケンカを始めるけれど、互いの間に広い空間が確保されて物理的な距離を保つことができれば「我《われ》関《かん》せず」で干渉し合わない。パーソナルスペースの考え方に通じる現象です。

人間関係にもこれと同じことが起こるのだと思います。

なぜか他人とぶつかってしまう人へ

なぜか人とぶつかってしまうという人は、おそらく距離感を間違っています。きっと近すぎるのでしょう。物理的にも心理的にも相手の領域にずかずかと入り込みすぎている。

それではぶつかっても仕方がないと思います。テンションの異なる二色を並べると、違和感が出てしまうのと同じ。どちらが悪いわけでもありません。

そんなときは、頭の中で衝突する存在を色に置換し、グラデーションを意識してください。コツは、無彩色を間に入れることです。イメージした色から白や灰色にグラデーションを引っ張っていって、今度はそこからもう一つの色へと引っ張る。自然となじむようになります。人との距離を取るときもこのイメージを意識するといいと思います。

より具体的にいえば、苦手なママ友集団が、自分が乗っている電車に乗ってきたとなれば、見ず知らずの立っている人を間にはさんで、対角線上にすーっと逃げる。無関係な人が間に入れば気づかれない可能性が上がります。間にいる人が、無彩色の役割を自然と果たしてくれるのです。

その際は極力、自分の存在感を消しておきましょう。そちらを見ないようにして、スマホをいじっているフリをする。これでいいと思います。

気づかれなければ、それでおしまい。仲間に入っていく必要はありません。もし声をかけられたら、離れたところから、ニッコリ笑って手を振っておけばいい。

もちろん、子どもの関係うんぬんを無視しても仲良くなりたい相手なら積極的に関わっていけばいいと思いますが、そもそも名前同士で呼び合っていない、「○○ちゃんママ（パパ）」と呼び合う表層の関係なら、僕はこれで十分だと思っています。

距離が近すぎて「詰まって」いると、結構しんどいものです。音楽でも休符が一切なくてずっと音が出っぱなしだったら、聴いているのがきっと苦痛になるでしょう。

調和には、適度な距離間、つまり間に余白の存在が必ず必要なのです。

「近すぎる距離感」はトラブルのもと。
踏み込まれたら、逃げていい。

いい人間関係とは、「好循環を生み出す」こと

人間関係は大きく2種類に分類できます。

一つめは、仕事など何かの目的を達成するための人間関係。

もう一つは、家族や親しい友人など、それ自体が目的の人間関係です。

後者の場合は、それ自体が余白の中で行われているようなものです。ただ互いの存在を認めればいいし、言葉のやりとりを楽しめばいい（ただし、家族とはいっても、たとえば嫁姑や子どもに勉強をさせたい親、夫婦関係をうまくいかせたいなど、思惑や目的が生まれれば前者のものになるのですが）。

ここでお話ししたいのは、何か目的がある場合の人間関係についてです。

いい人間関係とは、**好循環を生み出していく関係**です。軽いノリの言葉でいえば、「互いをのせ合う」という感覚が近いでしょうか。

こちらの言葉や態度に相手が腹落ちして、相手もこちらを腹落ちさせる言葉や態度を示す。互いに最大限にその状況を楽しんでくれるような状態をつくり出す。最良のパフォーマンスが生まれるのは、いつもそういう「場」からです。

あるいは、いい人間関係とは「互いに相手を喜ばせること」という言い方もできると思います。

お世辞を言うとか、心にもないことを言っておだてるということではありません。それほど大げさな話ではなくて、社内SNSで相手の発言に「いいね」をすかさず押したり、スタンプで反応したりという程度のことで十分です。

当社では、社内のコミュニケーションツールでSlackを使っているのですが、Slackには人のコメントや発言にスタンプを押すことができます。その中で僕がよくやるのは、本当にいいと思ったときのスタンプの連打。「いいね」という意味のスタンプを、絵面を変えて4回くらい重ねて送ると、受け取った人には気持ちが伝わり、のってくるようです。

スタンプを押すだけなら長い時間がかかるわけではありません。ですが、想いが伝わり、いい人間関係につなげていくことはできます。

今書いたように、本当は相手とのせ合ったり、喜ばせ合うことが理想ですが、双方向の関係性が築けていなければ、まずは一方通行でも大丈夫。相手をのせることができれば、結果的に自分にも嬉しいことが起こる。「いい」は連鎖し循環します。

ただ、これは人間関係に悩んでいる人からは、「他人に合わせている」と映ることもあるらしく、「そんなに相手に自分を寄せていると、疲れない？」と言われることがありますが、まったくそんなことはありません。それは、**自分のコアは守りつつ余白の部分で受け入れている**からです。

「互いを喜ばせ合う」

「互いをのせ合う」

これが最高のチームメンバー。

だから「自分が我慢して相手を喜ばせよう」という発想はまったくありません。自分の余白の範囲でできることをする。無理はしない。

どこかに無理がある状態は長続きしません。チームの中で誰かが犠牲になるとか特定の人がいつも我慢しているというのでは、物事はうまく運びません。

いい仕事をするために、そして仕事を通じて社会をもっとよくしていこうと思うなら、一番大切なことは、関わるすべての人が心底「楽しい！」「面白い！」と思っていることだと思います。

「かけ合わせて広げる」人間関係の面白さ

長年同じところに住んでいたり、同じ業界や職場で働いていたりすると、次第に、接する人たちが固定化します。

固定化する前には「この人はどういう人かな」と少しずつ手探りで相手についての情報を得て、それをもとに大いに想像し、共通点を見つけようという努力があったと思います。

「音楽は、どういうのが好き？」

「海外のが気になるね」

「ああ！　いいよね、ビートルズとかはどう？」

「うーん、ちょっと違うかなあ……（実はアイスランド音楽が好きなんだけど、そんなこと言っても伝わらないしなぁ）」

といったもどかしい会話を経て、ついに「ビョークが好き」という話にたどりつきます。

「あなたもそうなんだ！」

と探っている関係性の中に同質性を獲得できたときの喜びは、大きいものです。

けれども現在では、＃（ハッシュタグ）で簡単に共通点が手に入ります。「アイスランド音楽」「ビョーク好き」というのが、つながった時点ですでにわかっています。

これは、「話が早い」ので、一見よいことのようにも思えますが、功罪はあると思います。**ある種の想像力が置いてきぼりになっているから**です。ハッシュタグによるセグメント化は、人から多くの想像力を奪い、**他者の入り込む余白のない同質性をつくり出してしまっている**ように思います。

まったく流動性のない環境、同じ嗜好の人たちが集まった状況では、新しいものは生まれにくい。第2章で紹介した、他人と掛け合わせることによる意外な驚きや喜びに発展することは期待できません。

最近では、ウェブの検索エンジンも動画配信サービスも、おすすめを前提に表示されるようになっています。

僕たち自身は、ニュートラルな視点で「人気の動画コンテンツ」を見て、「検索結果」から情報を得ているように感じていますが、その気持ちとは裏腹に、我々の前に提示されているのは、「あなたはこれが好きですよね?」というおすすめの結果です。

そのおすすめの外に、自分とは異なる価値観が存在するのだということを忘れてはいけません。

「他人からのおすすめ」に支配されずに生きるには?

身の回りが「おすすめ」に支配されつつある今、では、どうすれば自分とは全然違う人と出会うことができるのでしょうか。

まずは、同質性の高い集団に、満足しすぎないことです。

もちろん、同じ環境、同じ業界、同じ職場、同じメンバーであれば、安心感があります。言葉にできないような感覚も共有できる、その同質性が必要なときは、そのメリットを十分に使えばいい。でも、せっかく異質なものと出会えそうなのに、同質性に逃げているとすれば、それは一考の余地があるでしょう。

たとえば先日、学生時代の同級生の結婚式に出席する機会がありました。同じ年に入学した仲間として当時一緒に遊んだりはしていましたが、特別に親しかったわけではない。とはいえ、おめでたいことなので、祝福に駆け付けました。ただ、そのときの、僕が座っているテーブルの面々が、見事に同質性の塊のような人たちでした。

仕事の話、それも彼らの業界の話しかしない。僕がデザイナーだと名乗ると、彼らの仕事に引き付けたイメージを押しつけられる。

そのあまりの価値観の狭さと頑なさが苦痛で、途中からはずっと、テーブル上のワインのラベルを熟読してやり過ごしました。式が終わって真っ先に会場を後にしたのは他でもない僕です。

これはまあ、ある意味笑い話なんですが、とてもイヤな気持ちになったのは事実です。

これがまだ、相手も1人、僕も1人だったら、新しい関係性が生まれえたかもしれない。ただ、同質性が高くなりすぎると、どんどん余白が狭くなっていくことは間違いない。異質なもの（このときは僕）に対する壁のようなものができあがっていました。

同質性は高まりすぎると、他に対する攻撃性に転換することがあります。

では、どうすれば、異質な人といい関係を築いていけるのか。そのコツは、お互いのバランスをフィフティフィフティ（50：50）にすることです。

たとえば、僕にとって、ギタリストの田中義人《たなかよしと》さんとの出会いはまさに、そうでした。彼は音楽の世界の住人、僕はデザイン。本来ならそれほど深く交じり合うことはないのですが、あるとき、初めて2人だけで話す機会をいただきました。互いが自由に、いろいろなことを語り合っているうちに、余白がつながっていくように感じていたのは、きっと僕だけじゃないと思います。

その結果、「NU／NC《ヌンク》」というサウンドアートユニットを結成することになり、『ある風景の記憶』というタイトルの楽曲をつくり、リリースするに至りました。互いの余白を掘り合っていった先にたどり着いた場所、それはとても刺激的な体験でした。

対等にぶつかり合えると、想像以上に面白いことが生まれます。だから、誰かとじっくり話したり互いの興味や価値観を面白がったりしたいときには2人で会うこと。多くても3人まで。

大勢で集まるときももちろんありますが、それは目的が違う。表層の関係性を楽しみ、面白おかしく騒ぎたいときです。

結局、**新しいことの発見や刺激的なこととの出合いは、異なる概念同士の掛け算か**

同じ環境、同じ業界、同じ職場…
高すぎる同質性は、
「違い」への攻撃になる。

らしか生まれてこないのだと思います。

前述の、組織をドラクエ感覚でつくり、動かしていくという話もまさにそれです。いろいろな職業のいるパーティのほうが強いし、成果もあげていける。

ポケモンだってそうです。「ほのお」タイプのポケモンだけでチーム編成をしていると、相性の悪い「みず」タイプのポケモンに出合ったときには、すぐに効果が「ばつぐん」の攻撃を繰り出されて全滅です。

人間関係もそれと同じで、同質性だけに頼るのは、どこかでほころびが出てしまうし、世界がどんどん狭くなってしまう。

様々な可能性は、別の価値観・別の視点、つまり別の余白を持っている人との出会いによって、大きく広がっていくのではないでしょうか。

余白をなくすと人は「害」になる

前述のように、同質性はときに余白を狭め、外に対する攻撃性にもつながりえます。それが日常になると、異質なもの、他者のものを無条件に受け入れられなくなります。

縁側に誰かが遊びに来てくれたときに、「そろそろ雨戸を閉めますから」と言って、本当はまだ閉めなくてもいい雨戸を閉めに行く感じ。わざわざ追い出そうとするようなイメージです。

こういったことを続けていると、誰も縁側に来てくれなくなりますし、余白はその価値を失います。扉がどんどん閉じていく。次第に孤立し、中間領域としての余白が消えていく。

人生100年時代になって、しばしば取り沙汰される「老害」は、まさにこれが極端に進んだパターンでしょう。頑固で聞く耳を持たないから、次第に誰も何も言ってくれなくなる。

他の価値観を受け入れる余白がまったくなく、周囲は「あの人はああいう人だから」と言ってその場だけ合わせるようになる。「はいはい、そうですね」なんて適当にあしらわれるようになる。

これが、本当に「ご隠居」であれば、問題はありません。身近で接する人が、ご隠居を大事な決定から遠ざけてしまえばいい。ご隠居本人は人生がどんどんつまらなくなるし、世界はどんどん狭くなるけれども、それで困るのは当人だけです。

問題となるのは、そんな「老害」が隠居もせずに、「自分はまだまだ第一線」とばかりに表に出るパターンです。さらにいえば、現役世代でも老害状態になっている人もいます。

そうなってしまうと、仕事は本当にやりづらくなります。

そのときに、あなた自身が絡め取られないための対処法は第5章でお話しするとして、ここで何を伝えたいかというと、**人は誰しも、自分を守ろうとするときには「閉じる」ことを考えがちですが、本来は余白を「広げる」ことでこそ自分を守ることができる**ということです。

同質性で凝り固まったり同じ価値観の仲間だけで閉ざしたりせず、自分とは異なる価値観を持つ人々と交わること。そうすれば、余白は広がっていきます。周囲に仲間や助けてくれる人も増えていき、いい人間関係を築くことができるのです。

広く余白を持っている先輩方は、例外なく懐《ふところ》が広く、多様な価値観を受け入れてくれる。何歳になっても、できるだけ引退してほしくない。

僕も周囲にそう思ってもらえる人になるために、余白を広く持っておけるようにしていたいと思っています。

「信頼」と余白

余白は、いわば「自由裁量地帯」です。ある意味で、好きなことをしていい場所。それは、自分自身もそうだし、他者も他者の余白の中では自由に動き回り発言することができます。

そんな二人が出会ったら、しばらくはお互いの余白に遊びに行ったり様子を見たり、ときには何かを投げ込んでみたりしながらの駆け引きが始まります。それはまるで、互いの方向から打ち寄せる波がぶつかり合うかのようです。どちらかが強すぎると、弱いほうはさらわれてしまう。

信頼というのは、この場所が「凪《なぎ》」になったときに生まれます。自分も好きなことをして波を送っているし、相手側も同様なのですが、見事に均衡が取れて静かな凪状態になっている。どちらも我慢していない。どちらも心地よい。こういう状態になると、人間関係はとてもラクですよね。無言でも落ち着く、わかり合えるという関係性です。

「この人になら、何を言っても大丈夫」

そういう関係性を持てる人がいることは、人生における大きな安心の一つです。ときには突飛なことを言っても受け入れてもらえるし、お互いに「ずれて」いたとしても、それさえも許容できる。このような状態は一朝一夕でできるものではなくて、寄せて引いてを何度も繰り返した後にようやくできあがります。いきなり「ピタッ」と合うことは、少なくとも僕の経験上はありません。

時折、芸能人などが出会って三日で電撃結婚！　ということもあり、広い世界には短期間で凪状態をつくれる組み合わせもあるのかもしれません。ですが、皮肉るつもりはないけれど、電撃結婚の行く末は結構荒れたりしますよね。本物の凪だったわけではなく、嵐の前の静けさだったというようなオチもありそうです。

信頼関係というのは、テクニックでつくり上げるものではありません。理想的なのは、**お互いが止まっているのではなく動きながらバランシングしている関係。**それぞれが自由に自分の余白の中で思う存分動いている。それが共鳴し合って、さらに気持ちのいい空間がつくり上げられていく。

そういう信頼関係を誰かと築くためには、余白の中でどう動くべきかが大切です。

「忖度《そんたく》」と余白の深いつながり

最近、出会う人みんながとっても感じがいい。イヤなことは言わないし、こちらの意見を「うんうん」とうなずいて聞いてくれる。なんだか気持ちいいなあ。そんなふうに感じたことはありませんか。

あるいは、日々の仕事や日常で、人と接する中で、「本当はこういう意見なんだけど、相手と違うことをわざわざ表明するのもな」と、なんとなく他人に同調してしまっていることはありませんか？

それは一見、とても優しくて居心地のいい世界観ではありますが、手放しで喜んではいられません。

なぜならそのような、いわば忖度は、何か新しいものを生み出したり、付加価値を高めたり、関係性を深めたりする上では、負の効果にしか働かないからです。

それでも、様々な現場から忖度が消えないのには、「そうはいっても、物事を進めるためには仕方ない」「それで対立しても後々自分が損をするだけ」といった諦めが根強いからだと思います。

先ほどの信頼関係の波の話でいえば、たしかに一見、凪のように見えているかもしれない。だけどそれは、互いに打ち合う波が同調して静かな状態なのではありません。忖度している人が、ただ自分の波を消して相手に合わせることでそう見えているだけ。本来なら共同作業のはずの場を、片方がこっそり放棄している状態でもあります。

相手を受け容れているようで、実は相手におもねっている状態といえるでしょう。

近年話題になったSNSで、「BeReal」というサービスがあります。このアプリに登録すると、1日に1回、ランダムな時間にユーザーにプッシュ通知が届きます。その後2分以内に「今の自分」を撮影し投稿しなければならない。撮影は前面のカメラと同時に背面（イン）カメラでも行われて、加工はできずにその場ですぐアップされることになります。

つまり、「盛る」ことができないSNSです。格好をつける余裕がないので、みんなの素のままの今、まさに「リアル」な様子が共有されるのです。

こういうSNSがZ世代を中心に世界で流行しているというのは、そろそろ誰もが「盛り疲れ」になってきて、ナチュラルなつながりに回帰しようとしている動きなんじゃないかと思います。

コミュニケーションに、今また「揺り戻し」ともいうべき現象が起き始めているようです。

このSNSにも、忖度をやめるヒントがあると思います。このSNSが映し出すのはたしかに「リアル」ですが、お互いが「ここはリアルでいようね」と約束し合って成り立っている。「リアル」つまり「素のままの自分」を、互いに見せ合い、守り合う約束ができている、緩衝地帯です。

物理的にも精神的にも、緩衝地帯を持ちましょう。そこでのやりとりは、ひとまず互いに受け入れ合える。そんな場が人間には絶対に必要です。

自分がすでに忖度している立場だったら、いきなり緩衝地帯をつくるのは難しいと感じるかもしれません。それなら、少しずつでも波を打ち返していく中で、信頼関係を築いていきましょう。その先に、忖度なくクリエイティブにやりとりできる場が生まれます。

自分が忖度されている立場だったら（忖度されている人はそうと気づいていないこともあるのが残念なところではありますが）、まずは相手を受け入れること、相手の意見を引き出すことから始めてみればいい。耳を傾け続ければ、やがて忖度は外れていくはずです。

緩衝地帯として、そして新しい面白いものを生み出す場としての余白の価値が、改めて見直されるタイミングなのだと思います。

人間関係において「正しさ」よりも大事なもの

人間関係は、自然に放っておいてうまくいくものではありません。

前述のように、ごくごくまれな例として、「一目で、会った瞬間にピンときた！」「明日結婚しよう！」なんていう電撃パターンもないとはいえませんが、たいていの場合はある程度の時間をかけて互いが歩み寄るという要素が必要です。

初対面でお互いに関する知識も共通の体験もない間柄で、「自分は、自分は」と100%自分をぶつけてうまくいくパターンなんてほぼ皆無でしょう。少しずつ互いを出し合って、言葉は悪いですが探り合って、だんだん距離を縮めていく。

その期間には、相手に対する思いやりが必須です。

結果として気の合う友人になったり、たまには会いたい人というポジションになったり、数は少ないかもしれませんが「一緒にいて、何にも気を使わないくらい気が合う」というところに落ち着いたりしていきます。

歩み寄りの過程の中で大切なのは、会話に「正しさ」を持ち込まないということです。人の話を「正しい」or「正しくない」で判断することは、通常の人間関係では必要ありません。真面目な議論を否定しているわけではなくて、日常においてはということです。

じゃあ、どんな軸で過ごせばいいのか。

その一つは「面白さ」です。これも、面白いか面白くない（＝つまらない）かという二分割思考の方向に行かないように気をつけてください。人間関係は**「相手に興味を持って、なんでも面白がる！」**に尽きます。

相手に興味を持って、面白がる。
人間関係が絶対にうまくいく
シンプルな法則。

自分のインタビューや対談、あるいは会話を文字起こしした（された）経験のある人なら同意してくださると思いますが、盛り上がった会話を文字で再現されるとかなり支離滅裂なことが多いものです。案外話がかみ合っていなかったり、つじつまがよく合っていなかったりすることも多々あります。

それでも、参加者は「楽しかった」「面白かった」という想いを共有しています。人間関係、そしてコミュニケーションは純粋に言葉だけで成り立っているのではないということがよくわかります。その場の雰囲気や表情、声のトーンや笑い声などの気配を含めて、成立している。

よい人間関係のためには、それぞれが「相手を面白がる」ことのできる余裕、つまり余白を持つことが必要です。

「わかり合いたい」を求めすぎるリスク

デザインの仕事をしていると、余白について考える機会がとても多くなります。と

余白はデザインの大事なパーツ

いうのは、作品においては余白がデザインできているかどうかがとても大事なことだからです。余白は全体をデザインするための大事なパーツなのです。

余白に対する感覚は、国によっても差があります。

ミッフィーを生み出したディック・ブルーナの国オランダや長谷川等伯《はせがわとうはく》という素晴らしい絵師を持つ日本は、余白を大切にする文化ですが、たとえば中国は違います。中国ではシンメトリーに隙間なく埋めるのことも美しさの一つとされています。曼荼羅《まんだら》を思い出していただくと、なるほどと納得してもらえるでしょう。

日本人は、もともとは余白に価値を与え、美を感じることが得意なはずなのに、なぜか最近はせっかくのその〝特技〟を捨ててしまっている気がします。

日本語は元々余白のコミュニケーションが得意な言語のはずです。

これだけ抽象表現が多くて、形容詞も副詞も多い。曖昧な表現が得意で、何かを断るときにも「NO」にあたる「いいえ」という明確な言葉が使われることは滅多にない。

そんな、美しく曖昧にできる言葉を使って「明確な」「くっきりとした」コミュニケーションをとろう、相手を理解し相手に理解してもらおうとしているところに無理が生じているのではないでしょうか。

地政学的にも、もともと日本は自然の恵みが豊かな地域です。その自然からの恵みを享受するため、集団で協力して作物や動物の得るための村文化を基本としてきました。村暮らしでは、互いの意見や感情をある程度、曖昧にしておかないと調和がとれません。はっきりとした意見を述べることがすぐに争いのもとになってしまうのです。だから、内心でどう思っていたとしても、曖昧な中での相互理解を尊重しながら長い間うまくやってきたわけです。

それなのに、「100%わかり合いたい！」というような状況になってしまったせいで混乱しているように感じます。そういうところから「隣人ガチャ」なんていう言葉も出てきたのではないでしょうか。

他人とは、そもそも完全にはわかり合えないものです。その必要もない。だけど、隣同士なんだから「そこそこうまくやっていこうね」という感じで村社会は成り立ってきたのです。

そして、お祭りや町内行事などの機会を通じて共感するポイントをうまくつくり、関係性を維持してきました。

もともと、人間関係というのは、そのレベルで十分なのでしょう。どこまでいっても、本当のところはわかり合えない。だけどその場での、一番いい収まりどころを見つけましょうね、くらいの心持ちです。それを受け入れられなくなってしまっていることが、一種の閉塞感を生み出してしまっているように感じます。

第3章のまとめ

余白思考とは……他人との関係性において、互いに自由で干渉しすぎない、緩衝地帯をつくること。「この範囲でなら、何をしてもいい」という言葉にならない感覚を共有すること。

「この範囲でなら、何をしてもいい」という余白は、信頼関係の表れでもある。一朝一夕には築けないし、互いの配慮なしには成り立たない。

人と人との関わりである以上、合わない人がいるのは仕方がない。そのときに自分を守るツールとして、余白は強力な武器になる。

今すぐできる余白思考

・「この人とはどうしても合わない」となったら、「静かに終わりにする」選択肢を持つ。大人ならば、意外にどんな関係でも「静かに終わり」にできる。

・それでもどうしても終わりにできない関係性であれば、心の中に「独裁スイッチ」を持つこと。心の持ち方が変われば、負担の度合も変わる。

・「仲良くするのはいいこと」「友達が多いのはいいこと」とは言い切れない。思い込みは手放そう。

・「みんなが優しい」「なんでも思い通りになる」のは、もしかしたら「みんなが諦めてしまっただけ」かもしれない。その状態を疑うこと。

・「正しいかどうか」を基準にすると、息苦しくなる。「面白いかどうか」で考えると、クリエイティブではなくなる。大事なのは「どうやって面白がれるか」という視点。

第4章

コミュニケーションの余白

「伝わる」をもっと円滑にするために

余白思考とコミュニケーション

社内外の人、官公庁の人たちとの仕事では、たとえば複数の業界や異なる利害の関係者が一堂に会するプロジェクトの場合などに、コミュニケーションの行き違いで物事がうまく進まないことがあります。そんなとき、

「コミュニケーションの橋渡しをしてもらえないか」

とご指名いただくことがあります。特に多くの方々は僕に、デザイナーやアーティスト、職人たちとの言語化しにくい部分も含めたコミュニケーションの懸け橋の役割を期待してくださっているように思います。

実際、デザイナーやアーティスト、職人と、ビジネスパーソンや官公庁の方々のコミュニケーションの齟齬《そご》は、命取りです。なぜなら、共同で進めるプロジェクトにおいて、デザイナーやアーティスト、職人は「実際に形に落とし込む」役割なのですから。

どんなに綿密に計画を練って、プロジェクトを進めていても、最後の形にする人たちとの齟齬があると、絶対にうまくいきません。

また、各々別の会社や団体に所属する様々な立場の人が集まるプロジェクトの場合、プロジェクトを通じて獲得したい利益が異なることはよくあります。

ある会社は情報価値、ある会社は未来の継続的な利益など、各々の目標がずれていると、プロジェクトが社会に与えるインパクト、つまり大義は一緒のはずなのに、プロジェクトはうまくいきません。ここにも利害関係に根ざしたコミュニケーションの齟齬が発生しているのです。

僕は、コミュニケーションにおいても、「余白」の考え方はとても大切だと思っています。むしろ、余白の存在を認めないと、コミュニケーションは絶対にうまくいかないとさえ思っています。

逆にいえば、前述のように、コミュニケーションの橋渡しとして声がかかるのは、僕が余白を持ちながらコミュニケーションをしているからでしょう。

本章では特に、自分と異なる立場や環境、考え方の人とのコミュニケーションを中心に、僕の考えをお伝えしていきます。

コミュニケーションは失敗してもいい

デザインの仕事は、実のところ、コミュニケーションが大部分を占めます。

このようにいうと、少し意外に思われることもあります。どういうことか、少し詳しく説明しましょう。

自分たちでイチから何かものをつくる場合を除いて、たいていの仕事では、「何かつくりたいものがある人」からの依頼を受けます。ものだったり、空間だったり、ポスターだったり、ウェブサイトだったり、企業ブランドだったり、つくりたいものは様々です。

当然、そうしたものはまだ、形になっていない。「こういうものをつくりたい」という曖昧なイメージだけは存在しているけれど、その詳細はまだ言語化できていないことがほとんどです。

そうした人の「想い」を受けて、曖昧なイメージに輪郭を与え、少しずつ形に落とし込んでいく。そのデザインの過程は、相手とのコミュニケーションを通してやっていくしかありません。

そうしてつくったものに、相手が首をひねったとしたら、たいていはコミュニケーションに問題があった、ということになります。

だから、どうすればよりよいコミュニケーションができるのかを、日夜考えています。

また、デザイナーとして、新しい商品や概念やサービスを社会に広げる取り組みに携わることがあります。それもやはりコミュニケーションです。どうやったら知ってもらえるか。気に入ってもらえるか。好きになってもらえるか。

相手は何を言っているんだろう？　どういう言葉やビジュアルなら伝わるだろう？　わかってほしいことがわかってもらえていないのはなぜなんだろう？　日々こうしたことを考えているためか、すぐれたデザイナーのほとんどは、コミュニケーションの名手です。

でも、実際のところ、**コミュニケーションでその仕事の成功が左右されてしまうのは、デザイナーの仕事だけではありません。**「人と人とが交わり、かけ合わさって広がった中から成果を生み出していく」ことを目指すのであれば、どんな場合も、コミュニケーションはとても重要です。

また、経営という面においても、冒頭から何度か取り上げている、「デザイン思考」や「アート思考」という面においても、やはり**他人とどう接するかが、大きな鍵を握**

コミュニケーションの前提は
互いのコアにどう、橋を架けるか。
余白の存在を認めて初めて
必要な橋のあり方が見えてくる。

っています。

コミュニケーションのいいところは、**何度もできるラリー**だということです。僕が相手に投げて終わり、ではない。僕が変な球を投げたら、相手からも変な球が返ってくる。それで「変だな」と思ったら、今度は投げ方を変えればいい。そうすれば、相手も変えてくれるでしょう。

その意味では、コミュニケーションに失敗はありません。タイムリミットが厳しくなるとそうもいってはいられなくなりますが、コミュニケーションの基本は、「気楽に試してみる」でOKです。

コミュニケーションとは「頭の中の地図」の擦り合わせ

たとえば、女性にモテたくてこんなことを言う男性がいます。

「俺は東大卒で、お金持ち。高級なレストランで好きなものをごちそうするよ」

――本人にとっては「だからあなたを幸せにできるよ」という精一杯の自己ＰＲですが、当の女性にはまったく響いていない。そんなことはよくあります。

そして、この情報は、人から人へと伝わる間にどんどん変化していきます。「お金持ちらしいけど、ちょっと気取ってる感じ」「うーん、いい人っぽかったけど、なんか自慢が多いんだよね」なんてことにもなりかねません。

こういうことが起こるのは、当たり前ですが、人によって価値観が異なり、「響く」言葉や情報がまったく違っているからです。だから、この男性のことを「お金持ちで頭もよくて人柄もよくて最高！」と感じる人もいれば、一方で「イヤミったらしいうぬぼれ男」と感じる人も（残念ながら）いるわけです。

人の頭の中にある判断基準は様々です。見事に、違っている。

僕はそのことについて、「頭の中に持っている地図、使っている地図が違う」という認識をしています。世界地図を広げている人に、東京の大田区についてどんなに一生懸命に話をしても理解してはもらえません。逆も同じです。互いの言葉がまったく響き合わないということが起こります。

これは仕方のないことで、相手の地図を自分と同じものに差し替えることはできません。できるのは、異なる二つの地図をどう擦り合わせていくのかを考えることだけです。

たとえば、「縮尺を同じにしてみよう」「ハザードマップで見ていこう」というように共通項をつくって別の軸でつなぎ直すというような作業が必要になります。それがコミュニケーションをとる上では非常に重要です。

人はつい、話が全然通じない相手と出会うと、「あの人とはわかり合えない」「あの人は自分と違う」などと思ってしまいます。

しかし、学生と社会人が、あるいは上司と部下が、夫と妻が、大人と子どもが、なかなか理解し合えないのは持っている地図が違うからです。

だから、まずは相手の地図の中に共通点を見出すこと、そして、それをもとに互いが納得できる何かを一緒に築き上げていくことが必要になるのですが、そのときにと

コミュニケーションとは、
「お互いの地図の中に、共通点を見出すこと」。
余白がないと、自分の地図の
押しつけ合いになる。

ても役に立ってくれるのが、すべてをいったん受け入れることのできる余白というスペースの存在です。

同じ話も聞き手次第でふくらんだりしぼんだりする

誰かと話すときに大切なのは、たった一つ。それは、**相手の話を全部受け止める「余白」を持っておくということ**です。

ここまでにも何度か伝えてきたので、もう「余白」と「コア（自分にとって譲れない大切な部分）」を混同する人はいないと思いますが、ここでも大事なのは、受け止める場所は余白だということです。決してコアで受け止めてはいけません。

相手の話を全部余白で受け止めるというのは、言い換えれば、相手のすべてに自発的に興味を向けるということです。

「この人はこういうふうに考えるんだ」

「こういうことが好きなんだ」
「こういうことに腹を立てるんだ」
「こういうことを面白がるんだ」
という、その一つひとつを、ふわりと余白で受け取りましょう。

巷《ちまた》に多いのが、これとは逆に、誰かの話にいちいち茶々を入れる人たちです。誰かが何かを話していても、その内容をほぼ無視して、あるいは否定して、自分の話したいことだけを話す人がいます。

最近、かつては人気者として一世を風靡《ふうび》した男性が70代になって、いろいろなところで「なんでも自分の話に持っていく」と批判されているのを見ました。日常生活でも、結構そういう人はいます。

そういう人からは、「ねえ、話をちゃんと聞いてた?」と突っ込みたくなるような返事をされることがよくあります。

コミュニケーションの基本構造は双方向。つまり、「行ったり来たり」のはずです。誰かが出したもの（気持ちや意見や情報）を、とりあえずこちら側のどこかに入れる必要があります。そして、それが入ったことによってなんらかの反応が起こって別の扉が開いて、そこから新たなものが相手に向かって出ていく。また相手もそれを受け止めて……という展開が良質なコミュニケーションのあり方だと思います。そして、それを可能にしているのはお互いが持つ余白です。

具体的な例を挙げると、「ちょっと話がそれるんですけど」とか「余談ですが」「今急に思いついたんだけど……」を気軽に言い出せる会話には余白が存在します。最初から決まったゴールがあって、最短距離でそこに向かうような道筋をたどるのではなく、その時々に思ったことや感じたことを素直に表明しあって、その上に「共感」を重ねていくほうが、結果的によいものが生まれます。

僕は仕事柄、インタビューを受ける機会も多いのですが、あらかじめ用意された質問項目を順に追っていくだけということがたまにあります。

僕がちょっと外した答えをしてもまったく反応しないで、「じゃあ、次ですが」と

どんな突拍子もない話でも、
「一度、受け止める」ことができるか？
余白がない人には、絶対にできないこと。

質問リストに戻ってしまう。そういうスタイルではなかなか共感は生まれません。できあがってきたインタビュー記事も、正直なところありきたりで一辺倒なものになってしまいます。


それよりは、僕がちょっと道をそれてしまったときに、

「それ、面白いですね」

「え？　それはどういうことですか？」

などと食いついてくれて、面白がって受け止めてもらえたほうがずっと盛り上がります。「今日はいい取材だったな」と僕も思うことができるし、相手にとってもそうだろうと思うのです。


たとえ、脱線した部分が本来の記事の原稿としては使えなかったとしても、ほんのつかの間でも「互いをわかり合えた」という喜びを共有することのほうが、ずっと価値があると確信しています。

「聞く力」とは、案外シンプルなものの積み重ねである

人の話を面白がったり話がそれていくことを楽しんだりするには、聞き手側にそれなりの器が必要です。これがつまり「余白を持つ」ということなのですが、余白も含めた聞き手としての器はどう鍛えればつくることができるのかについて、考えてみたいと思います。

「聞く力」というワードはビジネス書などでも注目されていて、過去にベストセラーも出ています。それだけ多くの方が「聞く力」の重要性を認識していて、どうにかして身につけたいと思っているのでしょう。

僕が考える「聞く力」の構成要素は非常にシンプル。**何にでも興味を持つこと。それに尽きる**と思います。

子育ての経験がある方や身近で小さな子どもと接したことのある方ならおわかりでしょうが、まだ言葉をうまく話せない2歳くらいの子どもでも、とにかく一生懸命に言葉だけでなく身振りや表情を駆使して、始終何かを伝えようとしてきます。

何が言いたいのかはまったくわからないことも多いのですが、唯一わかるのは「何かを伝えたいと思っているんだな」ということ。

大人であれば、幼い子どものそういう気持ちにこたえてあげたくて「そうだね」「そうかそうか」とうなずいて聞いてあげたくなりますよね。

大人同士のコミュニケーションにおいても、基本姿勢は同じであるべきです。相手は何かを伝えたくて話をしてくるわけですから、その内容が自分とはあまり関係がないと感じたり、ときにはつまらないと思ったりしたとしても、**「伝えたい」という気持ちまで否定するのはやめたほうがいい。**

まずは相手の「伝えたいという気持ち」を
肯定すること。
それだけで、コミュニケーションは成り立つ。

伝えたい想いを受け取っていく姿勢が重要なのだと思います。

もしも、それをとても苦痛に感じるとしたら、原因は余白の不足です。余白が小さくて入りきらないがゆえに、相手の話の道筋や結論を自分で勝手に定めてしまっている。だから、脱線が無駄にしか思えなくなる。早く本題に戻ってよ、とイライラしてしまうのではないでしょうか。

映画や小説でも、みんな結末を予想するのが大好きですよね。「最後はそうなると最初から思ってたよ」「途中で彼が犯人だと思った」というようなことを話す人は結構多いように思います。

楽しみ方は人それぞれなので、そういうことを否定する気はありませんが、僕自身は「もっとその瞬間を楽しめばいいのに」と思ってしまいます。

この先どうなるかを予測して「当たった」「外れた」と気にするよりも、目の前にある「揺れ」のようなものに身をまかせて「この後どう転がるかわからない」状態を存分に楽しんでみてもいいのではないでしょうか。

「興味がない話は聞きたくない」人へ

「まったく興味が持てない話をされても、どんな顔をして聞けばいいのかわからない」

「相手の話がどう展開するのかわからなくて、ついイラッとしてしまう。結論から話してほしい」

最近、こんな声をよく聞きます。そういうことは、ビジネスの場面でも案外多いものです。

そんなときには、さらにシンプルな「聞く力」発動の方法が二つあります。

一つ目は、**うなずく**こと。できれば**声であいづちを加える**とより効果的です。あれこれ考えなくても、ただ「なるほど」と言いながらうなずくだけで十分です。

僕もプレゼンの際やビジネストークの場面では、次に話すべきことを頭の中で組み立てていることが多いので、相手の話の内容をしっかり聞くことなく「なるほど」とうなずいていることがあります。これは、相手をバカにして適当に流しているのではなくて、相手を大切に思うからこその共感の見せ方のテクニックだと割り切っています。

もう一つは、どんな話にも、とにかくこう言ってみる。

「それ、面白いですね！」

お世辞を言って相手を喜ばせたいからではありません。「面白いですね」と言った瞬間に、自分自身の脳が「面白い理由」を探し始めてくれるからです。強制的に思考が面白いところを探すモードになってくれるのです。

本当に？　と思う方も多いかもしれませんが、一度やってみたらその効果に驚くはずです。

コミュニケーションのコツとしてよくいわれる「結論から話せ」というテクニックは、日常生活でそんなことを言っている人を見るともったいないなぁと思います。たしかに、ビジネスで効率を求めるなら、結論から話してもらったほうがいい場合はあります。実際僕も、報告などの場で結論のない話がダラダラ続くとイラッとすることもある。

でも、日常の会話は別ですよね。結論にたどり着くまでに、話し手と一緒に冒険してもいいと思うのです。

「結論からじゃないと、話を聞けない」というのも、なんとも余白のない話。いちど、イラッとしてしまった自分を、「もしや、余白が足りないのでは？」と振り返ってみてもいいのではないでしょうか。

「言ったこと」と「聞いたこと」は一致しない

コミュニケーションについて考えるときに、最も大切で基本的なことは**「自分が言ったこと」と「相手が聞いたこと」は一致しない、ということを前提にしてコミュニケーションを行うということ**です。

他人同士が言葉を使って１００％わかり合うなんてことは、ほぼありえません。「一致」を前提としてしまうと苦しくなる。自分が話すことと相手が聞き取ることは、そもそも〝ずれて〟いるものだと認めるところがスタートです。

言葉では１００％わかり合えない、じゃあ、どうすればいいのか。わかり合えないと気付いていてもどうにかして想いを伝えたいと願ってしまうのが人間です。

音楽の世界に「図形譜」というものが存在するのをご存じでしょうか。「楽譜」というと、誰もが五線譜を思い浮かべるでしょう。五線譜の発明は、音楽の再現性を広げました。五線譜に記録された楽譜があることで、いつどこで誰が演奏をしても同じ音・同じリズムで奏でることができます。五線譜に記された楽譜は、いわば音楽の「形」を伝えるものです。

一方で、五線譜とは異なる音楽を目指した図形譜は、音楽に偶発性を取り込むものです。

その偶発性の拠《よ》り所《どころ》になるのは、人の「気持ち」。正確に音を再現するよりも、図形譜から受けたインスピレーション、つまり図形譜を目の前にしたときの気持ちがどうだったかのほうを優先する。図形譜に記されるのは、図形や文字や記号や絵であり、感情です。

たとえば50年前にドイツで記された図形譜があったとすると、それを見た現代の日本人はその図形譜からインスピレーションを受けて、音楽を演奏します。

当然、それは演奏としてはオリジナルとはまったく違ったものになります。時代や社会、奏でる人や場所によって、音楽の受け取り方が異なるのは当然であり、それによって音楽に即興性を取り込むことができるという考え方が根底にあるわけです。

音楽とは再現性なのか、あるいは人の気持ちを動かすものなのか？　という問いでもあります。

僕自身は、この図形譜という概念が大好きで、コミュニケーションについて考えるときにはよく思い出します。伝えたいことが正確に再現されなくても、**「なんかいい感じだったな〜」というふんわりとした喜びのようなもの**が相手の気持ちに生じてくれれば、それはとても素敵なコミュニケーションの達成だと思うのです。

実は、いま、あえて「なんかいい感じだったな〜」と語尾を伸ばして書いてみました。日常会話の中でも、僕はこの「語尾伸ばし」を結構よく使います。それによって

「断定しない」「決めつけているわけではない」という心持ちがうまく表現できる気がして気に入っています。語尾を伸ばすことが、ある意味、余白の表現です。

繰り返すようですが、リアルなキャッチボールのように投げたボールがそのまま相手のもとに届くということは、言葉のコミュニケーションにおいてはありえません。諦めるのではなく、そもそもそういうものだと思うことが大切です。

コミュニケーションにおける他者との交換というのは、常に曖昧なものを投げ合うことで成り立っています。

それなのに、多くの人が「完璧なコミュニケーション」の存在をなぜか信じていて、それが正解であり目指すべき到達点だと思い込んでいる。それによって、多くの行き違いが起きています。

「信じていたのに、裏切られた」

「こんな人だと思わなかった」

そういうもめごとは、おそらく最初の前提が「完璧なコミュニケーション」「完璧な相互理解」が存在するというところにあるからです。そうではなくて、**他者のことなんて曖昧にしかわからないということを、まずは認める。**だからこそ、なんとなく生まれてくる感情を、つまり「感じいいな」とか「なんか好き」程度の気持ちをベースに人と向き合ってみる。僕たちが目指すべき状態は、そういう方向なのではないでしょうか。

「全部伝える」は現実的ではない

デザイナーとしてブランドをつくる仕事をしている中で、これまで何度もクライアント企業の方にこう言ってきました。

「そんなにたくさん言いたいことがあっても、全部は伝わらないですよ」

そうすると、こう聞かれます。

「じゃあ、何なら伝えられるの？」

コミュニケーションにも、相互理解にも
「完璧」は存在しない。
だからこそ、ラリーが大事。

——その答えは、**「気配」**です。だからデザインでもキャッチコピーでもブランディングの作業を始める際には、必ず最初にこう話します。

「気配をつくるようにコミュニケーションしましょう」と。

もう少し具体的に説明をします。

iPhone を持って街に出て、

「アップルってどんなイメージですか？」

と聞くとします。おそらく、いろいろな答えが返ってくるでしょう。「おしゃれ」「スタイリッシュ」「ミニマル」「シンプル」……。だけど、じゃあブランディングに失敗しているかというと決してそんなことはなくて、言葉はバラバラでもみんなが思い描いているアップルの世界観は共通しているはずです。これが、気配です。

アップルの他にも、サムスン、ダイソン、ウーバー、テスラなどは成功例です。これらはデザイン経営という概念を取り入れ、経営戦略にデザイン戦略を並走させることで、このブランドの一貫した気配をつくり出しています。

日本ではまだまだ企業の経営戦略にデザイン戦略を並行させていることは少なく、それが日本企業の国際競争力をそいでしまっている現状があります。デザイン経営に力を入れることで企業価値が高まったり、売上が急伸する事例が数多くレポートされているため、海外のスタートアップなどは、このデザイン戦略を企業の設立時から並走させるケースが多いです。資金調達ができてすぐにCDO（チーフ・デザイン・オフィサー）を採用する。

そのおかげで、新興の企業であっても、企業としての人格や個性がきちんと際立ち、社会の中でとてもしっかりとしたイメージをつくることに成功しています。

経済産業省と特許庁が発表した、2018年の「デザイン経営宣言」以降、徐々に日本の企業経営者も、デザインの重要性に気づいてきてはいるのですが、どうしても「数字が上がったら（儲かったら）デザインのことを考えよう」という発想になりがちです。つまり、デザインはコストだと思っている。だから、まずは商品の機能価値（商品スペックや性能）を上げることを優先します。

顧客は機能でモノを選ぶと思っているからです。そのあたりは、海外の企業とは根本的に考え方が違っています。

海外では、文字や文章に頼らずに、気配を情緒価値（消費者が体感する精神的な価値）として伝えるための戦略としてデザインにきちんと取り組んでいます。

背景には識字率が日本ほどは高くないということや、また、日常言語が違う国々が身近にあり言葉にだけ頼るわけにはいかないという事情もあります。

日本でも、もっと「気配」をつくるためのデザインを取り入れたほうがいいと思います。デザインの力がとりわけ必要なのは政治の場面かもしれません。実際、行政の中にもデザインの力を用いて新しい取り組みをやる動きが広がっていますが、政策を日本国民全員に伝えるためには、デザインの力を今以上に使うことが必要だろうと思います。

コミュニケーションとは「余白に橋を架けてつなぐ」こと

コミュニケーションにとって欠かせないのが相互に行き来できることだとすると、そこには「橋」が必要です。この橋は、どうすれば架けることができるのでしょうか。

このとき大切なのは、相手側のルールをまずは認めるということです。「なんで、こんな変なルールがあるんだよ!」と否定せずに、一応そのルールにのっとってみる。トライしてみる。

結果的にやはりうまくいかなかったときには、そこで無理をする必要はまったくありませんが、最初の一歩は「**相手が大事にしていることを認める**」というところから始めることが重要です。

敵対したままだと、話は絶対にいい方向に転がっていきません。

具体的な方法として、**相手が使う言葉をまねする**というのも有効です。

業種や業態ごとに特有の言葉遣いというのがあるので、それを自分も使ってみる。内心では「あの業界の奴はあんな略語や横文字ばっかり使って……」とネガティブに受け止めていたとしても、それを表明したら無駄な軋轢《あつれき》を生むだけです。それよりは、あえて使ってみることで相手の世界に飛び込む姿勢を見せることができます。

異世界転生小説などで、その世界のご飯や木の実などを食べるとその世界の住人になるという設定がありますが、「同じ釜の飯を食って共感する」というのは、人間にとって非常に原始的かつ本質的な共感のつくり方です。

ただし、タイミングや頻度には気をつけましょう。いきなり最初から業界言葉をまねすると、かえって煙たがられることもあります。「いきなり、なんなんだ!」とイラッとされてしまう可能性も。

それは、表面的なところで単に合わせているだけ、迎合しているだけというのが相手にばれてしまうからです。

相手の懐に飛び込んで共感性を高めていくというのは、迎合とは似ているようでまったく非なるものです。ここの区別は間違わないようにしなければなりません。

「あの人と話すのは楽しい」と思われている人の共通点

多くの人から「あの人は話し上手だ」と認められている人がいます。ここでいう話し上手とは、流ちょうにペラペラと話し続けられる人のことではなくて、**「あの人と話すのは楽しい」「一緒にいると、いつも面白い」と思ってもらえるような種類の人**のことです。

そういう人の話し方の一つの特徴として、「余白づくりがうまい」ということがあります。余白、つまり、**相手が自由に入ることのできる空間を話の中につくっておく**ということです。

完璧につくり上げられた「１００の話」を投げると、相手はそのままを受け取るしかありません。それは、受け取る側にとっては、少ししんどいものです。

だから、１００ではなく70とか80とか、あるいは40くらいにしておくとか、それは話の内容次第ではありますが、とにかく余白、言い換えれば「付け入る隙」「弱み」みたいなところをつくっておく。そうすることで、相手は会話の中に気楽に入ってくることができます。

人間関係をうまくつくるときにも、先に弱みを含めた本音をオープンにすると相手もオープンになってくれることがあります。

デザインの話でいうと、静止画と動画のつくり方の違いという話にも通じるものがあります。静止画というのは、広告やポスターなどのグラフィックデザインのこと。そして、動画は映画やテレビＣＭ、ＷＥＢムービーやプロモーションビデオなど。

コミュニケーションは、動画型でいくのがいいと僕は思っています。

静止画と動画の一番の違いは、「絵が完成しているかどうか」です。静止画は、それ1枚でピタッと絵が成立していなければなりません。

「言いたいこと」が、そこに凝縮されている。それを見た人は、それに対して「好き」「嫌い」「興味ない」「いいね」「いまいち」などの瞬間的な判断をすることになります。

一方、動画のほうは、時間の流れを有効に使うことができます。絵をかっちりと決めるのは、商品やコピーが入る最後の決めカットのみ。あとは基本的に、画面は動いています。つまり常に画角が動的であり、次のカットへの余白がある。流れの中に存在しているのです。見ている人に「これはいったい何が言いたいんだろう?」「どこに向かっているんだろう?」と疑問や不安、期待などの心の揺れを感じさせることができます。

コミュニケーションというのは、これまで繰り返し述べてきたように、最初から結論ありきで進めるものではありません。意図しない展開や、どう転がるかわからないところが面白いのだから、転がることができる空間、隙間が絶対に必要です。

この空間、隙間というのは話し手と聞き手が互いに行き来できる場所です。聞き手が面白がって参加できるような話をできる人が、コミュニケーションという文脈における本物の話し上手なのだと思います。

講演などでも同様です。面白いと評判の講師は、隙間づくりがとても上手。会場の聴衆とのコール&レスポンスが成立している。

原稿用紙に書かれた文章をただただ読むような人はプロの講師にはさすがにいないと思いたいですが、そういう人の話は例外なく退屈です。少なくとも、そこには聴衆とのコミュニケーションは存在しない。

コミュニケーションというのは「往復する線」であって、「点」ではありません。

だから、どちらかの言葉で終わることは基本的にはないはずです。一つの言葉が呼び水になって、どんどん展開していく。みんなが気持ちよく参加して自由に展開していくためには、「ここは自由領域です」という場所が必要で、それが余白なのです。

では、どうすればあなたの話に「余白」が生まれるのか。その一番シンプルなテクニックは、「語尾をぼかして、相手にゆだねる」だと思っています。

自分の意見はちゃんと言う。ただし、その最後で、

「……っていう感じですかね？」

「……という考え方も、一つとしてあると思ってます」

「こうなんじゃないかと思うんですけどね～」

と、少し力を抜いておくのです。

こういう言い方をすると、相手も「私はこう思う」が言いやすいし、質問もしやすくなるのではないかと思っています。

反対に、意見をそのままズバリと言うだけでは、場合によってはその時点で会話が終わってしまいます。

「語尾や文末まではっきり話さない」

ことで生まれる自由や優しさもある。

「コミュニケーションが苦手」という人が急増する理由

「コミュニケーションが苦手だ」という悩みを抱えている人が多いそうです。ただ、そう悩む人たちは、コミュニケーションが成功しているという状態をどのように定義しているのでしょうか。

一般的なイメージとしてあるのは、会話が大いに盛り上がって笑いがあふれるような場合や、会った後にすごくいい印象が残ったり満足感が高かったりして、またすぐ会いたくなるような場合。そういうときに「コミュニケーションがうまくとれた」と感じます。

　もちろんそれはその通りでしょう。その場に参加した誰もが「楽しかった」「また会いたい」と思えるのは素晴らしいコミュニケーションだと思います。けれども、そういう「大成功！」みたいな派手なコミュニケーションだけが〝正解〟ではありません。

　僕が、「今日はとてもいいコミュニケーションがとれたな」と思うのは、**相手との間に共感性が高まる瞬間を持てたとき**です。会っている間ずっとじゃなくてもいいし、別に次につながらなくてもいい。

　極端な話、もう二度と会うことがないとしても、一瞬の「共感性」の高まり、つまり、「自分のかけらが理解された」「相手の一部を理解できた」という喜びを持つことができれば、コミュニケーションとしては十分な成功です。

　仕事の場でもそういうことがあります。

　仕事相手ですから、別にすぐに会いたくなるわけではないし、プライベートで会うことも特にお互い望んでいない。だけど、仕事を一緒に進めるうえで、何からのポイントでとてもいい感じで共感し合えたときは本当に嬉しいものです。

一瞬で仲間になれたという感じ。「同じ釜の飯を食べた」感覚に似ているかもしれません。


何がいいたいのかというと、コミュニケーションはそもそもそんな程度で十分ＯＫだということです。

「苦手だ」と思い込んでいる人は、おそらく「コミュニケーションはこうあるべきだ！」という、すごく高い理想を掲げているのではないでしょうか。もう少し気楽に考えてもいいと思います。

「コミュニケーションをうまくやるぞ！」と肩に力が入ってしまうよりは、大きな余白を用意するほうが、ずっとうまくいきます。

得意分野に持ち込む戦略

「コミュニケーションが苦手だ」という人には、もう一つ特徴があるように感じます。それは、多様なシチュエーションで多様な能力を求められるコミュニケーションを、ひとくくりで捉えてしまっていることです。「コミュニケーションに関するあらゆる能力に秀でていないので、自分はダメだ」という具合です。

ただ、たとえば初対面でもすぐに打ち解けて話せるような人でも、万能というわけではないはずです。もしかすると、かしこまった敬語の使い方などは苦手な人もいるかもしれません。あるいは文章を書くのは得意じゃないとか。

コミュニケーション能力の中でも得意分野と不得意分野があるのは当然で、これは誰でもそうだと思います。

会って話すのが得意な人、メールで相手の心をつかむのがうまい人、電話での応対

山﨑晴太郎のコミュニケーション・ポートフォリオ

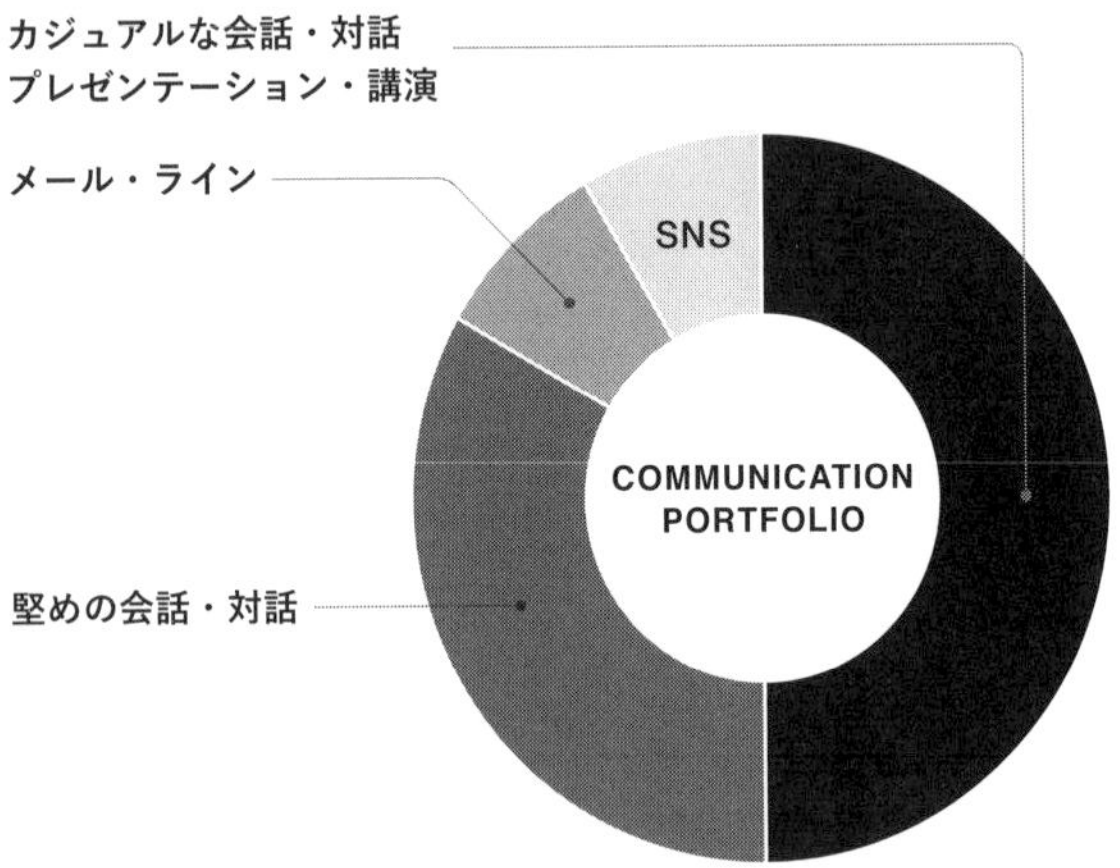

が素晴らしい人、手書きの文字が美しい人。

人の持つコミュニケーション能力は様々です。それを最大限活用するために、自分自身のコミュニケーション・ポートフォリオ（自分のコミュニケーション能力の配分）をどうつくるかということは、もっと意識してもいいと思います。

何が得意で、何が苦手なのか。対面で話すのが苦手なら、メールで頑張る。文章が苦手なら、電話で話す。

相手の心に届く手段を、何か一つ持てるといいと思います。

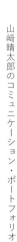

「たかがコミュニケーション」、もっと気楽に構えよう

コミュニケーションの大切さや価値を語り、だからこそ、どうやったらうまくいくのかを考えてきた章の終わりに、だけど僕は、あえてこう伝えたいと思います。

「たかがコミュニケーションだよ」と。

そんなに肩ひじ張ってうまくやろうと思う必要はないし、うまくいかなかったからといって落ち込む必要もない。もっと気楽に考えてもいいんじゃないの？ と思うのです。

僕は、毎日食べたものを覚えるのがすごく苦手で、3日前の夕食のメニューをまったく思い出すことができません。そして、それよりももっと苦手なのが人との会話の内容を覚えておくことです。

3日前に誰と何を話したかを具体的に思い出すことは不可能に近い。これは僕が単に忘れっぽいからということではなく、忙しい日常を生きているビジネスパーソンの方なら、誰しも似たようなものではないでしょうか。

結局、日常的なコミュニケーションにおいては、記憶に残るような大事なことはほとんど話していないということです。となると、**大事なのは1回ごとの話の内容ではなくて、その体験の積み重ね**ではないでしょうか。

一つひとつの会話の出来不出来（盛り上がった／つまらなかった）を気にするよりも、ともに積み重ねてきた気配や印象こそがコミュニケーションを構築していくのだと思います。

ときどき、以前話した内容について、いつまでも反省している人がいます。

「あのとき、あんなことを言ってしまって、相手にイヤな思いをさせてしまったかも……」

「あのときうまく反応できなくて、つまらない人間だと思われたかなあ」

と。

そんな心配は無用です。気にしなくても大丈夫。相手はきっと、忘れています。会話の中での小さなミスは流れて消えていくものなので、気にすることはありません。

ただし、どうしても外してはいけない枠、越えてはいけない一線というのもあります。それを外すと一発アウト！　というライン。

それは、相手が何を大事にしているのか、どういう力学の中で生きているのかを慎重に見極めればわかることです。

すぐに見極めることなんて誰にもできませんから、それこそ余白の中で受け止めて、咀嚼しながら見つけていくべきものです。

注意するのはそれだけで、あとは気楽に構えていて大丈夫です。会話が終わった数日後には気配しか残りません。

「なんとなく楽しかった」「あの人、感じよかったな」という気配が残っていれば大成功。その反対で「面白くなかった」「なんか感じ悪かったな」と思うなら、遠ざかるという選択肢も出てくるでしょう。みんなと仲良くなる必要はありません。

コミュニケーションに期待しすぎない、ということが、たぶんとても大事なのだと思います。1回1回が勝負！　なんてことは、力の入ったお見合いならともかく、通常はありません（お見合いだって、チャンスはそれっきりではないはずと考えれば、本当にそんな場はないかもしれませんね）。

相手に対する関心を持ち、相手の話を面白がるという基本姿勢さえ持っていれば、少々の失言は気にすることはありません。自由に自分の思ったことを自分の言葉で気楽に伝えていきましょう。

第4章のまとめ

余白思考とは……自分と他人の適切な距離感の中で、コミュニケーションのラリーを繰り返すこと。他人の伝えたいことや伝えたいという気持ちをいったんは受け止めること。

方法論だけまねしても、いいコミュニケーションは実現しない。方法論の裏側にある想いや気持ちに互いに目を向けて、互いを認め合うことを目指そう。

今すぐできる余白思考

・コミュニケーションは何度もできるラリー。相手に投げて終わり、ではない。自分が変な球を投げたら、相手からも変な球が返ってくる。それで「変だな」と思ったら、今度は投げ方を変えればいい。そうすれば、相手も変えてくる。
・何かを伝えたいときは、まず「互いの頭の地図を擦り合わせる」ことを意識する。
・聞くときは、「なるほど」「面白いですね」とあいづちを打つ。
・自分の聞いたことがすべてだと思うのはやめる。
・相手の大事な物事をないがしろにしたら、コミュニケーションも人間関係も終わる。相手を尊重する気持ちを忘れない。
・相手が使う言葉をあえて使って会話する。
・沈黙を怖がらない。気まずいと思っているのは、あなただけかもしれない。
・多少の誤解を許容する。コミュニケーションに完璧はないし、100%すべて正しく伝わることはそもそもあり得ない。

第5章

自分の頭の中に余白を持て

失敗を恐れすぎない、余裕のあるメンタルのつくり方

他人の失敗なんて、実は誰も気にしていない

何かをしようと思い立ったとき、すぐに始められる人と、足踏みしてしまって進めない人がいます。動き出せない人を止めているのは、「失敗したらみっともない」「うまくいかなかったら恥ずかしい」という気持ちです。

周りでそういう理由で足踏みしている人がいたら、こう言ってあげたい。

「心配しなくても、誰も気にしてないよ」

これは別に、あなたのことになんて誰も興味がないと突き放しているわけではなく

て、他人というのは、もともとそれくらいの距離感だよということです。だから、**何を決めるにしても、何を始めるにしても、自分がよければそれでOK。**

小さいことでいえば、たとえば服装で考えてみてください。「今日、何を着ていこう」と、会う人の顔や場所などを思い浮かべてあれこれ悩んだりすることがあると思いますが、ほとんどの場合、誰も特に気にはしていないはず。「ファッションは結局自己満足」なんていう言い方もよくしますよね。

恋人同士とか、片思い中とか、相手のファッションに注目すべき特別な事情があれば別ですが、そうでなければ飲み会に友達がどんな格好で来ていたかなんて、ほとんど記憶に残らないでしょう?

自分の気持ちを納得させることができればそれでいい。そういうことは、僕たちが思っている以上に、世の中にはたくさんあるのだと思います。

ならば、うまくいくかどうかわからなくても、自分がしたいことをする。それだけで十分です。

ただし、これにも一つだけ、注意が必要です。他人が気にしていない失敗は、あくまでも、無関係なところか、相手の余白の中での話です。

たとえばあなたが何か料理をしようとして、キッチンに大きな焦げ目をつくってしまったとします。それがあなたの家だったり、全然相手と関係のない別の場所なら相手は全然気にしないはず。たとえ相手の家の庭でも「バーベキューでもしましょう」とその場を提供されていたなら、きちんと謝れば許してくれる可能性が高いでしょう。

でも、相手のコアにかかわる部分なら、話はまったく変わります。相手の心理的パーソナルスペースの中。大事な部分に上がり込んでいるだけでも不快なのに、失敗までされたら、二度と修復できないでしょう。

少し注釈はつきましたが、それでも、**「うまくいくかどうかなんてわからなくても、自分がしたいことをする」というマインドが、人生を楽しみ余白を楽しむ秘訣**だと思います。

「失敗したら恥ずかしい」と思ったら、
「やりたいかどうか」に立ち返ること。
「やりたい」のなら、他人の目を
気にする必要はない。

「新たな学び」が、余白を増やす

前の項目と関連して、僕自身は、何か新しいものにチャレンジするにあたっては、失敗を怖がったり、みっともないと思ったりすることはありません。むしろ、新しい物事や概念に出合うことは、新しいおもちゃを与えられたような感覚になり、それを貪欲《どんよく》に楽しもうとするタイプです。

学ぶこと。他人に教えてもらうこと。つまり、今までの自分の中にはない新しいものや考え方、価値観に出合うというのは、いわずもがな人間の成長過程において、とても大事なことです。

一つのことに慣れて、何をやってもそつなくこなせるようになると、教えてもらうことも指摘されることもなく居心地はいいのですが、そういう状況に甘んじていると余白はどんどん閉じていきます。「小さくまとまる」という表現がありますが、まさにそんなイメージ。**余白は使わないと、どんどん収縮していきます。**

学ぶというのは、余白が強制的に広がるいいチャンスです。学ぶことが楽しくなると、「失敗したらどうしよう」「年下に教えてもらうのは恥ずかしい」というような感情よりも、「楽しい」が勝り、たとえば10代の若者に「スケートボードを教えて」と自然に頼めるようになります。

どんな価値観が入ってきても大丈夫な余白というスペースを持つことで、様々な違いに驚きながら、ときには怒られながらも自分の世界を無限に広げていくことができるのです。

20回の「すみません」で、たいていのことは乗り越えられる

怒られたり、誰かから非難されたりするのがとにかく苦痛だという人がいます。実際に怒られたことが原因でメンタルを病む人も多いようです。

性格や気性は人それぞれなので、誰にでも適用できるものではないかもしれません

が、発想の転換で、怒られることへの恐怖や苦痛から逃れられる場合があります。

僕自身、編入した高校でまったく成績がふるわずにテストで赤点が続いていた頃は、始終、先生から怒られていました。職員室に呼び出されることもたびたびあって、決めていたのは「とにかく20回、すみませんを言おう」ということでした。

先生が何を問題視していて、何について怒っているのかは、実は聞いていなかった。いかにも反省していますというような顔をして、どのタイミングで「すみません」を言おうかとそればかり考えていました。

結果的に、20回まで数えたことは一度もありません。その前に終わって解放されました。

当時は、そういう自分の対処の仕方を特に言語化はしていなかったのですが、今思うと、これも余白思考だなと思います。教師と自分の間に「すみません」という言葉を繰り返す、という自ら決めたルールで余白をつくり出そうとしていた。教師側に完全に自分を持っていかれないように、学校側の価値観に取り込まれないようにするた

崖っぷちのときの「逃げ方」を
考えておくこと。
これが、ピンチをも楽しむ秘訣。

めの、高校生ながらの作戦だったのだと思います。

結局、**怒られたとしても、責められたとしても、そのすべてを真正面から受け止める必要はないんじゃないか**ということです。

怒っている相手と怒られている自分の間に、余白をつくる。そうすることで、自分にとって一番大切な部分は守ることができます。一番大切な部分というのは、たとえば「自分が本当にやりたいこと」や「本当は自分はこう思う」という考えです。

もしも明日の朝起きて、急に会社に行きたくなくなったら、行かなくても大丈夫。少しくらいルールを守らないことがあってもいい。そんなことはたいしたことではありません。

もちろん、相手からは怒られるでしょう。それは仕方ない。だけど、**怒られたからといって自分を見損なう必要はないし、怒られることを恐れて自分の気持ちをごまかすのはもったいない**と思います。

どんな修羅場も「すみませんを20回言えば通り過ぎる」、僕は本気でそう思っています。

相手を「否定」したくなったときの考え方

最も安心できるコミュニケーションは、自分とのコミュニケーションです。自分のコピーロボットをつくって会話をしたら、それこそ「1を聞いて10を知る」。齟齬もずれもありません。何を話しても「だよね！」「わかる‼」の連発でしょう。

自分のコピーということは、１００％の同質性だということです。人間のコミュニケーションは、同質性が高くなればなるほど、それに伴う負荷が軽くなっていきます。

家族は他人よりは同質性が高いから、気楽に話せる。学校ではクラスや部活が同じ友人のほうがお互い理解が早い。そういうものです。

ということは、逆に考えると、**相手を否定したくなるのは同質性が低い場合**です。「何を考えているのかよくわからない」「話していることがよくわからない」というのはよくあることですが、そのときに自分に余白がないと、異物としてパンとはじいてしまいがちです。

先ほどから、同質性の低いものを受け入れることを勧めてはいますが、それを実行するには、ある程度の余裕を求められます。

具体的な行動として同質性の低い人たちと接するときには、オールマイティなこの一言を使ってみてください。

「なるほど」

自分にはまったく理解できないことに相手が共感を求めてきた際にも、とりあえずそう言っておけば、相手は話を続けてくれます。まだ自分にはピンと来ないにしても、話を続けてもらえば、どこかで理解できるタイミングが来るかもしれない。早まって断ち切らないようにすることです。

「そういう考え方もありますよね」というのも、僕はよく使います。

全部じゃなくて、一つの視点として肯定する。他者と接するうえでの絶対的な原則として「そもそも自分が100点満点ではない」と自覚するということがあります。

正解は一つじゃないのだから、「なるほど、あなたの答えはそうなんですね」と受け止める。

だからといって、相手の言うままに自分がコアで持っている答えをすぐさま変える必要はありません。あくまでも余白の中に「保留」として入れておけばいいということです。

「1人ブレスト」で頭の整理をする

どんなことに対しても「なるほど」といったん受けるという態度は、一見軽薄のように思われるかもしれませんが、そんなことを気にする必要はありません。僕は、よく1人ブレストをすることがあり、そのときにも頭の中のもう1人の自分に対しても連発しています。

「なるほど、それもあるか」

自分のアイデアや考えを肯定したり、ときには「いや、ちがう、これもあるな」と上書きしたり。**アイデアや考え方にどっちが上も下もありません。**全部が等価。だからこそ、「なるほど」で受け止めることが大切なのです。

社内ではたまに、「僕の1人ブレストに付き合ってもらう時間」があります。社員は目の前に座って、僕がぶつぶつ言いながらホワイトボードやA3の紙に書いていくのをただ眺めている。それによって、僕がたどり着いた結論だけを伝えるよりも、その周りにある概念やアイデア、哲学も一緒に伝えることができます。

そして、終わったら紙を渡して資料化してもらいます。なぜこうなったのかの経緯が伝わっているので、よい資料ができあがってきます。

こういう曖昧な感覚を出力するときに使う紙は、できるだけ余白が多いほうがいいのでA3サイズがお勧めです。あるいはホワイトボード。罫線《けいせん》や方眼が引かれていない、真っ白で、大きくて、何を書いてもいいものを用意するのが大切です。

ちなみに紙に書く場合の筆記具選びも重要です。0・3や0・5の細いペン先のボールペンを最初から使うのは、経験上、やめたほうがいいと思っています。ブレストの段階では多分に曖昧さを含んでいることが前提にあるので、ホルダータイプのペンや、芯が太い8Bの鉛筆を使っています。

太い芯の鉛筆やクレヨンなんかもそうですが、線そのものに余白が含まれています。だから、出力する側も「曖昧でもかまわない」「とりあえず書いてしまおう」というラクな気持ちになれるのです。

これが、細いペン先だと、「正確に書かなくてはいけない」「間違ってはいけない」というプレッシャーを与えることになります。

曖昧さというのは、どちらかというと否定的に捉えられることの多いものですが、何かアイデアや考え、意見を出力する側としては「曖昧でOK」という状況はありがたいものです。

自由な発想を巡らせて、中途半端でいいからいったん外に出してみる。それによって、新たな刺激や示唆を手に入れることができて、さらに思考が深められていく。

実際に紙を使って曖昧な線を書いてみるとわかるのですが、曖昧な思考であっても、何度か書き換えていくうちに、大事なところの線は重なっていきます。

思考が動くたびに繰り返し踏む場所があって、そこはどんどん「濃く」なっていく。曖昧さも重なることで、徐々に輪郭が与えられ、明確な線になり浮かんできます。

最初から明確な線をつくろうと思わなくていいということです。ただただ**曖昧なものを重ねていくうちに、「大事なのはここだったのか」と本質が浮かび上がり、新たな概念が立ち上がる瞬間に出合うことができます。**

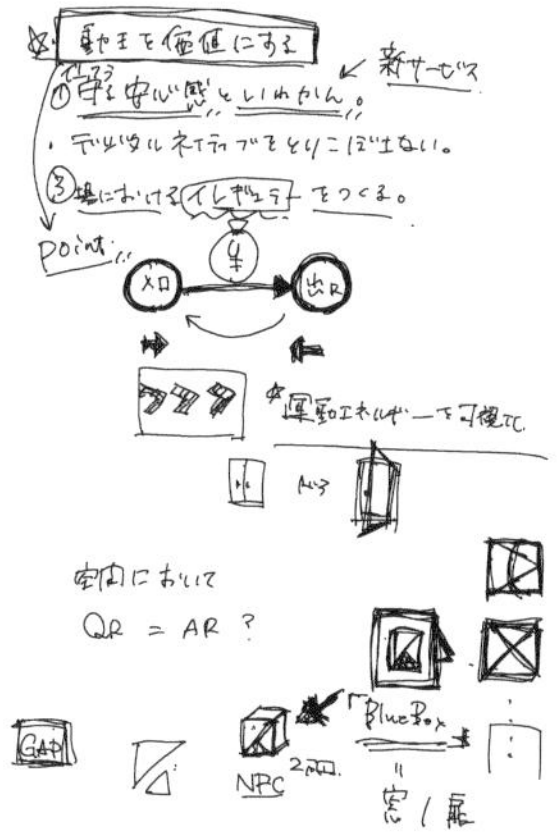

10/26

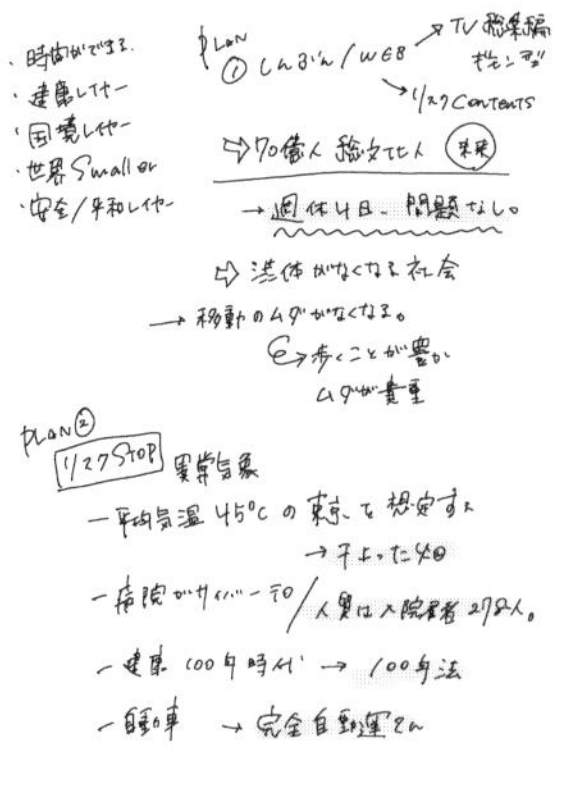

25/26

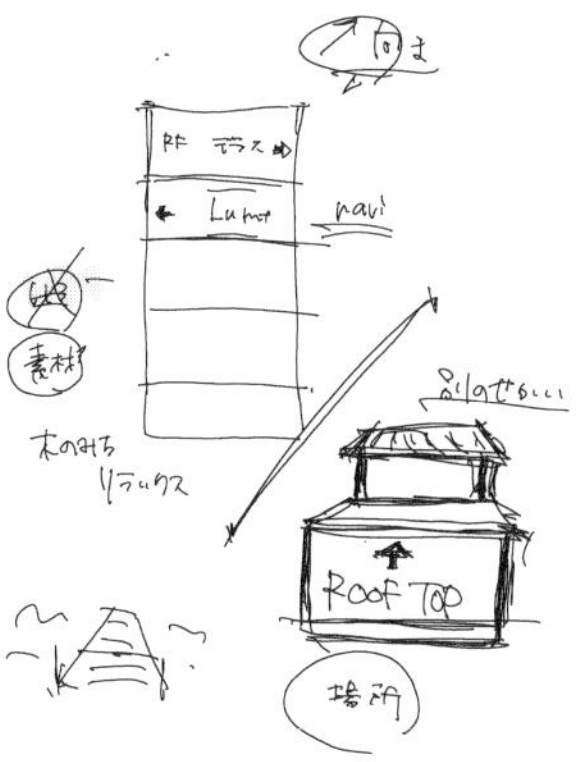

23/26

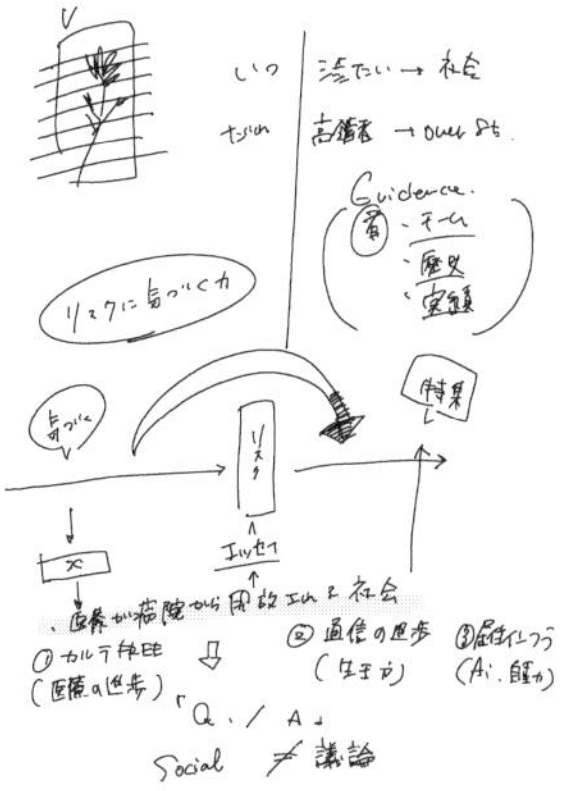

26/26

「余白」の中で考えるから「自由に発想」できる

不完全でもいいじゃないか！　と開き直ることも大切

学生時代、アメリカに1年間留学していたことがあるのですが、正直今でも英語にまったく自信がありません。

以前、英語力を上げようと思い、少しだけ英会話学校に通ったことがあります。最初に英語力を確認されたのですが、スタート時には「すごくしゃべれますね」と称賛されたのに、結局はだいぶ下のクラスにセットされていました。

つまり僕の英語は、文法もめちゃくちゃに、勢いで適当に元気よくしゃべっているだけ。最初に評価されたのは、自信満々でまくし立てていたからです。

でも、それでもいいんじゃないの？　――そう思います。英語学習の中ではよくいわれることですが、多くの日本人は「正しくなければいけない」という感覚から逃れられないようで、「正しい文法でなければ」「発音がちゃんとしていなければ」話してはいけないくらいに思い込んでいます。

でも、そんなの気にしなくていい。ある意味適当にしゃべればいい。気持ちや雰囲気が伝われば、コミュニケーションとしてはまずは及第点だと思います。

曖昧なままで、つまり未完成の状態で出力してしまえる能力。これはとても大事なことです。世の中の多くの人は、これがなかなかできません。「いいもの」「正しいもの」しか世に出してはいけないとつい考えてしまっていて、練習して上手にできるようになってから食べてもらおうとか、完全にマスターしてから聞いてもらおうという態度が主流になっています。「練習してから披露する」という文化は根強くて、幼稚園児でさえもお遊戯会《ゆうぎかい》に向けて猛練習を重ねていたりします。

これは、逆から見ると、「不完全さや曖昧さを許さない」という態度に結びつくので、完璧じゃないものを否定するということにつながっていきます。

自分が曖昧なものを出力していれば、相手の不完全さも受け止められます。「お互い様」という感覚で曖昧さを許容し合ったほうが、今よりずっと生きやすくなるはずです。

「知らない」と言える勇気を持つ

最近の傾向として、リアルな体験をせずに物事を理解したつもりになっている人が増えているように思います。誰かがやっているのをYouTubeで見たりブログで読んだりして、自分もやった気になる。

YouTubeで人気の「ゲーム実況」なんてその最たるものでしょう。自分が操作する身体性と、誰かがやるのを見るのとでは、体験の質が根本的に異なります。

自分の体を使って体験を取り込むということが減っているように感じて、この流れには若干危惧を覚えています。

何か新しいことについての話題が出たときに「知っている」という人は多い。でも、「やったこと、ありますか？」と聞くと、「やったことはない」という場合が結構あります。

つまり、情報としては知っているけれど、経験としては知らない。そして、その経験まで知ろうと思う人は一気に少なくなる。

自分で経験するより、インターネットのまとめサイトやYouTubeを見ることが優先され、まるでスタンプラリーのように「知っている」のスタンプが押されていく。

その区分けを、もう少しちゃんと意識したほうがいいと思うのです。

「知っている」のか「知らない」のか。

知っているといっても「聞いたこと／見たことがある」なのか「実際にやったことがある」のか。

ほとんどの人は「知っている」の中に「聞いたことがある」「見たことがある」を含んでしまっている。ここは明確に差をつけるべきです。

なぜそこをしっかり分けたほうがいいのかというと、「知っている」と答えてしまうと、相手は「じゃあ、この説明はいらないな」とスキップして、次のステージに行ってしまうからです。

「聞いたことがあるだけで、よく知らない」と言えば、きちんと説明してもらえたかもしれないのに「知っている」と言ってしまったばかりに学びの機会を損失してしまうことになります。

そして「やったことがないのなら、一緒にやりましょう」という体験の機会も同時に逃してしまう可能性もあります。これは、あまりにもったいない。

知らないことは素直に知らないと言えたほうが、人生はずっと「お得」です。カッコつけずに、無邪気に「知らないから教えて」と聞いてくる人には、誰でも喜んで教えたくなります。

教わり好きになると、どんどん未知の情報や学びが入ってくるので余白が増えます。「こんなことも知らないなんてバカにされる」なんていう、その瞬間の小さなプライドなんていりません。もっと〝**大きなプライド**〟を持ちましょう。

「聞いたこと／見たことがある」と
「知っている」は似ているようで全然違う。
前者を「知らない」と言えることで
生まれる学びのチャンスがある。

大きなプライドというのは、**最後にハッピーになることを最優先する**ということです。日々の細かいことを、自分はいったい何のためにやっているのか。最後にハッピーになるためには何が大事なのか。そういうところから考えていくと、今この瞬間の「知らない」という恥ずかしさなんて、気にする必要のない些末《さまつ》な話です。

大きなプライドは、生き方の軸になる価値観でもあります。その実現のために「今」を有効に使ったほうがいい。今の行動と実現したい未来に連続性を持たせ、常につながっているべきです。

「誤解される」ことを恐れない

人は他者のことを、結構一方的に決めつける生き物です。

「あの人って、○○だから苦手なんだよね」

「○○な人だと思ってたのに、違っていて残念！」

カフェや飲み屋でこういう言葉を聞くのは日常茶飯事です。ネガティブなニュアンスだけとは限りません。僕がよく言われるのは、

「セイタロウさんって変わってますね」

です。よくも悪くも……ということなんだと思います。

「いったい、何なんですか」

とも、よく言われる。少しだけ「そんなことを言われてもなあ」とも思うのですが、「はい、よく言われます」と気にせずに聞き流しています。

決めつけるという行為がどのように発生するのかを考えてみると、ある一つの言動、つまり「点」を見て、そこから全体像を頭の中でつくり上げているのだと思います。

本来であれば、もっとたくさんのやり取りを通じて点が「面」になり、それらを少

しずつ組み立てていって初めて立体的な全体像に近づいていけるのだと思うのですが、たった一つの「点」から一足飛びで「こういう人だ！」となってしまうことが多いような印象です。

僕がよく言われる「変わっている」という言葉は使い勝手がいいのか、自分に理解できない言動をする人たちに出会ったときには自動的に「変わっている人」カテゴリーに分類するという人は非常に多いようです。

だから、世の中には「誤解」があふれている。「全然わかってもらえていない」「なにか誤解されている」「本当の私を知ってほしい！」とモヤモヤしている人もかなり多そうです。

思考の中に余白があると、「まあ、いいか」と自分を納得させることにストレスがなくなります。相手がなんだかひどい誤解をしていたとしても、「あの人には、そういうふうに見えているんだな」くらいにしか思いません。「それは違う！」と戦わない。他者の評価にとても寛容になれます。

寛容になれるというのは、もっとシンプルに言い換えるなら「気にならない」「気にしない」ということです。

この「気にしない」力を、現代の人たちはもっと鍛えたほうがいいと思います。というのも、みんな、細かいことまで気にしすぎだからです。

はっきりいって、自分が気にするほどには、他者は気にしていないものです。

逆を考えてみてください。恋愛が絡んでいたり、結婚を考えていたりするなら別ですが、日常の人間関係の中で、いちいち他者のことを本気で「こういう人かな」なんて常に評価して暮らしてなんていないでしょう?

それなのに、自分にベクトルが向いた途端に、みんなが自分をすごく気にしているように感じて自意識過剰になってしまう。もっと気楽にいきましょう。繰り返しいいますが、自分が思うほど、人は自分のことを気にしていません。

「まあ、いいか」は、ある意味、他者と自分の適正な距離を保つための便利な言葉です。精神的な余白があるからこそ、使える言葉でもあります。

「何もかもがうまくいかない」そんなときにやるべき、たった一つのこと

これまでの人生で三度、大きなスランプに陥ったことがあります。20代の頃に一度、30代でも一度。最近では、コロナ禍の真最中の頃でした。

20年近くもデザインやクリエイションに向き合っているので、普段は自然に企画やデザインが出力できます。デザインの息抜きを別のデザインでやったり、アート作品に向き合う息抜きをグラフィックデザインでやったり、それくらいの軽やかさでクリエイティビティに向き合っています。

けれども、そのときは自分が何をつくればいいのかまったくわからなくなってしま

いました。じわじわと、自分の絶対性や軸が侵されていく感覚が迫ってきて、動けなくなってしまったのです。

いったんそうなると、立て直すまでに1年くらいかかります。何をやってもうまくいかない毎日は本当にキツいものでした。

しばらくクリエイションから離れてみたのですが、当然ですがなんの解決も図れませんでした。その後は、「絶対にうまくいかないだろうな」と思いながらやってみて、結果、「ほら、やっぱりうまくいかなかった」と落ち込む。「これを使ってもきっとダメだろうな」と思いながらも使ってみて、うまくいかなくてまた落ち込む。全然楽しくないし、気分も乗らない。

ただ、そんな中でもとにかくクリエイションに向き合い続けることだけは止めないようにしていました。失敗するとわかっていても、とにかくやってみる。楽しくなくても、やってみる。

僕の場合、スランプから抜けるときは、突然霧が晴れる感じです。いつその瞬間がくるかわからないから、動きを止めないことが重要。

苦しくてもそこからは逃げないというのがプライドの拠り所にもなっているように思います。


どんな活動をしていても、日々の中で少しずつ垢《あか》や澱《おり》がたまっていく。それが飽和量を超えたとき、スランプがやってくるのかもしれません。

スランプは誰にでも訪れます。

抜けられるかどうか、どれくらい続くかどうかには個人差があると思いますが、スランプの中にいても「やるしかない」という時期はある。そして、スランプを抜けたときに、そのときの経験は大きな価値に転換されます。それは、自分自身の余白の広がりとなって返ってくるのです。


これまでの三度のスランプを振り返って、抜け出すためのトリガーはなんだったのかを考えてみることがあります。

要素は、その時々にいくつかあります。座禅に通っていたお寺の住職の言葉だった

動き続けるから、

ヒントが見つかる。

り、海外のキュレーターからのアドバイスだったり。だけど、それに加えて絶対不可欠なのが、「手を動かし続けること」だったのは間違いありません。

ゲームや漫画で、簡単には壊れない大きな岩が出てくることがあります。一度や二度の攻撃では岩は崩れない。だけど、攻撃し続けるしか他に方法がなくて、たたき続けていると300回目くらいでついに壊れる。まさにそういうことなのだと思います。諦めてふてくされて居心地のよい場所に閉じこもったり、そこから逃げたりしていてはスランプから抜け出すことはできません。

動き続けること、活動を止めないこと。それが、スランプに陥ったときにやるべき唯一のことです。

どんなときも「遊び」の感覚を

今僕たちが生きている社会、それはまるで大きなおもちゃ箱のようだと、デザイナーとしては捉えています。

おもちゃ箱にはいろいろなおもちゃが詰まっています。カラフルなもの、シンプルなもの、いかにも楽しそうな形をしているものもあれば、妙な色合いや形のものも。中には、一見しただけでは遊び方のわからないものもあります。「つまらなそうだな」と思ってしまうものも、遊び方を知ったら楽しくなるかもしれません。どうやって遊ぶんだろう、どんなふうに使ったら楽しくなるんだろう。そういう感覚で、出合ったもののすべてと向き合うようにしています。

だから、出会う人たちは、「一緒に遊ぶ人」。

仕事の場で出会ったとしても受発注を前提にした利害関係ではなく、おもちゃで一緒に遊ぶチームであり、仲間という感覚です。どちらが発注側でも受注側でも、それは変わりません。

公園でみんなでサッカーをやろうというときに、誰のボールを使っても楽しさは変わらない。敵のボールでも味方のボールでも、とにかく一つのボールがあればゲームが始められます。「おれのボールを使うんだから、ちょっとはシュートを遠慮しろよ」なんて誰も思わないでしょう。

「一緒に遊ぶ」感覚で社会や人と向き合うと、全部面白い。もしも興味を持てない場合には**「まだ遊び方や楽しみ方を知らないだけ」**だと思うようにしています。

相手の選り好みもしません。もちろん、どうしたって気の合わない人もいます。まったく思考の方向性が違うとかベースにしている哲学が違うとか。

実際の遊びの場でも、それはありますよね。一緒に公園に行ったのに、相手は砂場で遊びたい。自分はブランコに乗りたいというように。

カードゲームで遊ぼう！　というところまでは共通しているのに、ポケモンカードを持って集まってみたら相手は遊戯王《ゆうぎおう》カードを持ってきた、というような感じです。

そんなときはがっかりするのではなく、「なるほど。君はそっちのカード派ね」と思うだけのことです。そして、やり方を教えてもらえるなら、喜んで参加してみましょう。

遊んでみて自分には合わないということもあるでしょうが、少なくとも最初から拒否することはありません。

誰かが楽しいと感じていることに興味を持って一緒に遊ぶと、その人との距離はグンと近づきます。

仕事においても、相手の所属している企業や事業内容に対して「面白そう」「もっと知りたい」というスタンスであることは大切だと思っています。**こちらが興味を持ってワクワクしていることは、相手に必ず伝わります。**

知らない同士でも一緒にボールを蹴っているうちにどんどん楽しくなって熱くなっていくように、熱量は相乗効果で高まっていくものです。

この遊びの感覚、そして、いろいろなことを「どうやって遊ぼうか」くらいのちょっと高いテンションが、新しいものを生み出したり、前に進んでいく力になるのだと思います。

ここまで、僕のデザインや経営といった仕事や人間関係、コミュニケーションを中心に、余白というキーワードで様々なことをお話ししてきました。

きっと、すべてに納得がいった、という方よりも、「これってどういうことだろう?」「これと余白って、どういう関係があるのだろう?」と思うところのあった方のほうが多いと思います。

でも、少しでも、「余白で考えるってこういうことか」「こうやって考えたらうまくいきそう」ということが見つかったなら、嬉しく思います。

第5章のまとめ

余白思考とは……「こうするしかない」「これは当たり前」という物事や考え方から一歩引いて、「それ以外の選択肢」をあえて取り入れてみること。

「こうすべき」という思考で凝り固まっている人の頭の中には、余白はなくなってしまっている。まずは1人ブレストや遊びの感覚の再確認で、「余白のない自分」の存在に気づくこと。

僕は、自分ではどうにもできないつらい状況において「すみません」を繰り返して自分を守ることに決めた。誰にでも、「ただ自分を守るしかない」状況は訪れうる。そのときに使える自分の守り方を見つけておくこと。

今すぐできる余白思考

- 怒られたとしても、責められたとしても、そのすべてを真正面から受け止める必要はない。そんなときこそ、自分の周りに余白を持つ感覚を大切に。
- 小さくまとまらないこと。
- 頭の中だけで考えるのをやめて、ときには書き出してみる。

・まったく話が合わない人に、「そういう考え方もありますよね」と返してみる。
・「自分も完璧じゃないし」というスタンスで他人に接する。
・「聞いたことがある」「見たことがある」だけのことについては、「知らない」というカテゴリーに入れておく。
・真剣に考える。でも、深刻にはなりすぎない。

おわりに 「余白のあり方」は自分で決める

「余白」といえば「埋める」。一般的には、そう考える方が多いように思います。

だけど、僕がこの本の中で何度もその価値を伝えてきた**「余白」は、埋めるべきものではなく、むしろどんどん広がって大きく深く、豊かになっていく**というイメージです。

たとえば、他者を受け入れるとき、余白は「埋まる」のではなく広がります。まったく別の価値観が入ってきたときも同様で、余白はさらに豊かになっていく。

この余白に向かって「何か」――ものであれ考え方であれ価値観であれ――をとにかく何かを放り投げると、どんどんスペースが広がっていく。異物を入れれば入れるほど、まだまだ入る。しなやかに、ふくらんでいくのです。

教養も同じようなふくらみ方をするというイメージを僕は持っています。

日本人は「教養＝知識をたくさん身につけること」だと思っています。知らないことをどんどん知識で埋めていくという感じ。

そうすると、知識の総量が多い人の勝ちという話になってしまいます。けれども、真の教養というのは物理的な量の競争ではない。物差しで測れるようなものではないはずです。


いろいろな知識や情報、価値観をどんどん放り込む。いずれはその一つひとつの情報や知識のことは忘れてしまうかもしれない。だけど、そのおかげで広がった豊かな余白が残る。その余白は以前にもまして包容力に満ちている。

そういう状態こそが、教養の成熟の本来あるべき姿なのではないでしょうか。

その意味では、「何を学ぶか」「どんな本を読むか」というのは、すなわち、自分の中にどんな余白を持つかということなのだと思います。

余白のあり方を自分で決める。それが、自分の人生を生きるということなのではないでしょうか。

絶対軸の頂点は、夢

「あなたの夢はなんですか?」と聞かれたら、なんと答えるでしょうか。

僕の夢を語るのはまた別の機会に譲るとして、僕が相手にこの質問をする本心は、「あなたの絶対軸を知りたい。人生の中で大切にしているものを知りたい」ということ。相手に興味があればあるほど、僕はこの質問をしがちです。

仕事柄、いろいろな業界のいろいろな立場の方とお話をする機会があるのですが、若手でも年配の方でも、この返答に窮する大人は案外多いです。

「いい年して、恥ずかしい」

「叶わない夢をいつまでも語り続けるほど子どもじゃない」

そんな声が聞こえてきそうです。

大人になるにつれて、夢について諦めてしまう。現実と折り合いをつけて生きていく。それが大人になるということだ、と自分に言い聞かせる。

目の前のことに精一杯で、考えないようにしているのかもしれません。

でも、みんなかつては夢を持っていたはず。そこに周りの意見や環境なんて関係ない。夢は絶対軸の頂点です。そこに貴賤はないし、大小もない。他人の評価も、もちろん許可も必要ない。

やりたかったけど、やれていないこと。心の奥に大切にしていたもの。少しだけ立ち止まって、考えてみてほしいと思います。

同じものでも、余白の有無で見え方が変わる

今、僕はデザイナーという仕事をとても楽しんでいます。もっと率直にいえば、〝めちゃくちゃ〟楽しい。飽きっぽいところが多分にある性格なのですが、毎回異なる商材や業界に向き合うことができて、学びが多くて、飽きることがありません。

これは、デザインという仕事が特殊なものだからなのか？　いいえ、そうは思いません。少なくともそれだけではないはず。じゃあ、仕事が楽しい、ひいては毎日が楽しいという気持ちの源泉はどこにあるのか。

それを考えている中で気づいた大事なキーワードが「余白」でした。余白があるから、日々起こるいろいろなことに対してまるで楽しいイベントであるかのように向き合えるのです。

仕事に追われてつらくなったときや、周りの人たちがみんな自分より優秀に見えて落ち込みそうなとき、あるいは何をやっても面白くないときなど、僕はいつもこう考

えます。

「余白が足りていないのではないだろうか？」

なぜなら余白さえたっぷりとることができれば、目の前の具体的なトラブルを直接解決することはできないにしても、**とりあえず、とてもラクになれる**からです。

気持ちがラクになりさえすれば、日常のたいていのことはうまく回り始める。

まずは心の中に「余白」をイメージして、外の世界に歩き出してください。

山﨑晴太郎（やまざき・せいたろう）

アートディレクター・アーティスト。

株式会社セイタロウデザイン代表。3児の父。株式会社JMC（東証グロース）取締役兼CDO。株式会社プラゴCDO。

ブランディングを中心に、グラフィック、WEB・空間・プロダクトなどのアートディレクションを手がける。「社会はデザインで変えることができる」という信念のもと、各省庁や企業と連携し、様々な社会問題をデザインの力で解決している。グッドデザイン賞金賞や日経MJ広告賞 最優秀賞など、国内外の受賞歴多数。各デザインコンペ審査委員や省庁有識者委員を歴任。2018年より国外を中心に現代アーティストとしての活動を開始。TBS「情報7days ニュースキャスター」、日本テレビ「真相報道 バンキシャ!」にコメンテーターとして出演。主なプロジェクトに、東京2020オリンピック・パラリンピック表彰式、旧奈良監獄利活用基本構想、JR西日本、Starbucks Coffee Japan、広瀬香美、代官山ASOなど。

余白思考
アートとデザインのプロがビジネスで大事にしている
「ロジカル」を超える技術

2024年1月9日　第1版第1刷発行
2024年3月7日　第1版第3刷発行

著者　山﨑晴太郎
発行者　中川ヒロミ
発行　株式会社日経BP
発売　株式会社日経BPマーケティング
〒105-8308　東京都港区虎ノ門4-3-12
https://bookplus.nikkei.com/

デザイン　小林誠太（seee）
イラスト　もんくみこ
制作　キャップス
編集協力　白鳥美子
企画協力　田中誠
編集　宮本沙織
印刷・製本　大日本印刷株式会社

ISBN978-4-296-00177-4　Printed in Japan　©2024, Seitaro Design, inc.